CONTENTS

PART3

野菜ってこんなにおいしかったんだ！

やみつき必至の野菜レシピ

サラダが永久に食べられる
ドレッシング5種

PART4

家にあるものでだいたい作れちゃう！
定番メニューをランクアップ！麺レシピ

PART5

ひと手間加えて、安定したおいしさ！
またすぐ食べたくなるごはん＆パンレシピ

PART6

簡単だけど味は絶品！

オーブンは使わない！ デザートレシピ

STAFF

デザイン　菅谷真理子、髙橋朱里（マルサンカク）
撮影　佐伯智美
スタイリング　伊藤みき
調理補助　好美絵美
DTP　山本深雪、山本秀一（G-Clef）
校正　文字工房燦光
撮影協力　UTUWA
編集　今野晃子（KADOKAWA）

麦ライス的 料理の基本TIPS

火加減

火加減はとても重要。焼き足すことはできてもこがしてしまっては後戻りができないので、しっかり火加減を覚えましょう。迷ったら極弱火で。

極弱火

おすすめ

火が消えるか消えないかぐらいの火力。手で一瞬鍋を触れるぐらいの温かさです。こがさずに中まで加熱したい時や長時間加熱したい時に便利。

弱火

鍋底に炎があたるかあたらないかぐらいの火力です。こげやすい料理や汁を煮つめたい時に便利。

中火

鍋底に炎の先がちょうどあたっている火力です。焼き色をつけたい時や、炒め物をする時に便利。

強火

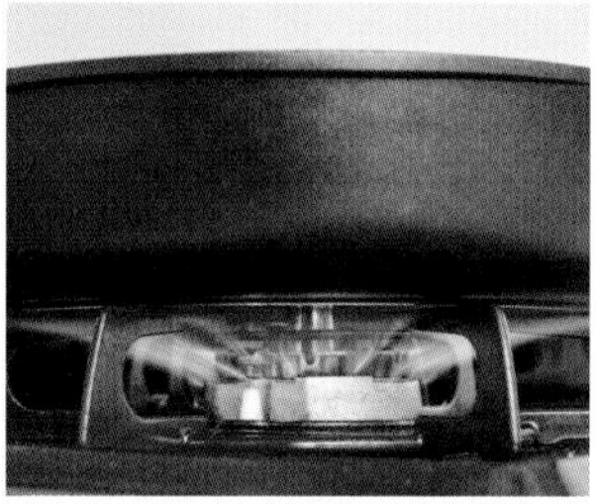

鍋底全体に勢いよく炎があたっている火力。こげやすく油もとびちりやすいので、初心者にはおすすめしません。すばやく焼きたい時、煮詰めたい時に。

ひとつまみの計り

レシピ本に出てくる「少々」や「ひとつまみ」。いったいどのくらい？と思ったことはありませんか？　この本では写真のように人差し指と親指でつまんだ量が、「少々」「ひとつまみ」。この量を基準に、味を微調整します。

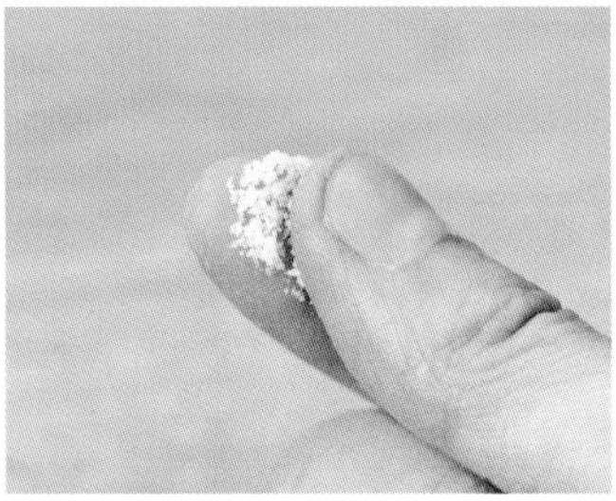

塩
ひとつまみ

ブラックペッパー
ひとつまみ

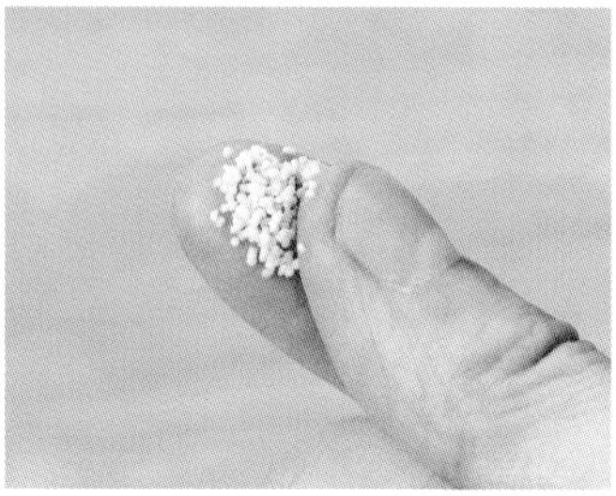

顆粒（コンソメ、だしなど）
ひとつまみ

野菜の切り方

切った野菜の大きさがある程度揃っていることも料理をおいしくするコツ！　切り方をそれほど気にする必要はないと思いますが、下の3つは覚えていると本当に便利で時短にもなるのでおすすめです。

玉ねぎのみじん切り

包丁を横にして切り込みを入れる方法よりもひと手間少なく済む

玉ねぎを半分に切り、芯は残したままさらにそれを縦に半分に切る。

刃先を使って玉ねぎの直角の根本の部分に向かって、くし形に刃を入れていく。

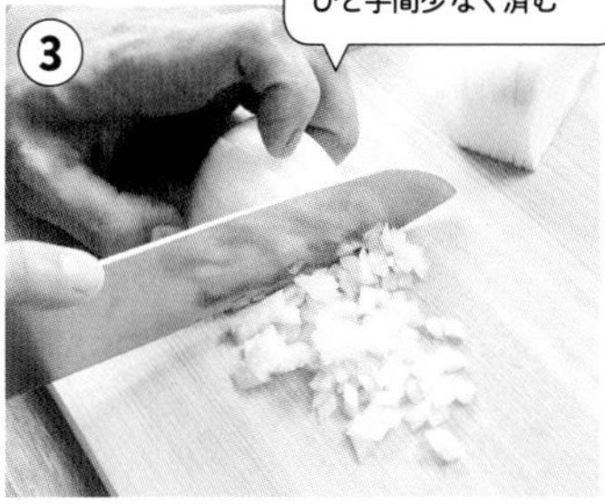

写真のように②の玉ねぎを90度回転させ端から約3ミリ幅で刻んでいくとみじん切りの出来上がり。

ねぎのみじん切り

ねぎをほうき状に切る方法もあるが、ねぎが飛び散らないこの切り方がおすすめ

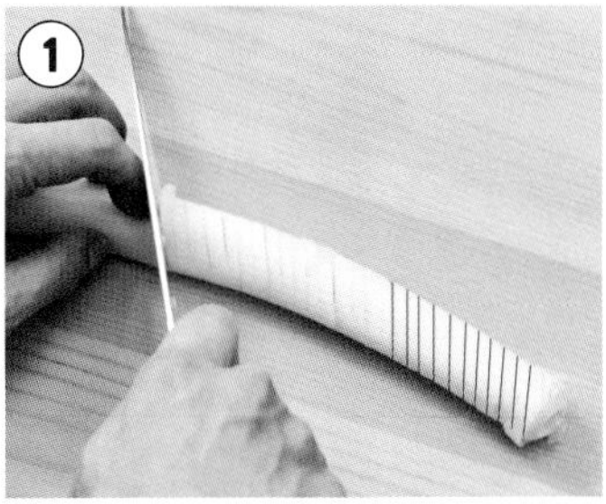

写真のように2ミリ幅くらいで斜めに切り込みを入れていく。完全に下まで切らないのがポイント。

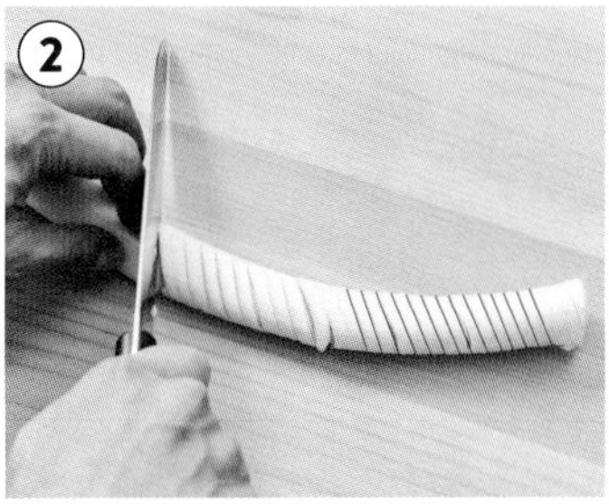

①をひっくり返して同じように斜めに切り込みを入れていく。こちらも完全に切ってしまわないように。

あとは端から細かく刻んでいけば、勝手にねぎのみじん切りの出来上がり。

ごぼうの細切り

きゅうりなど丸くて細長い野菜を細切りする時に

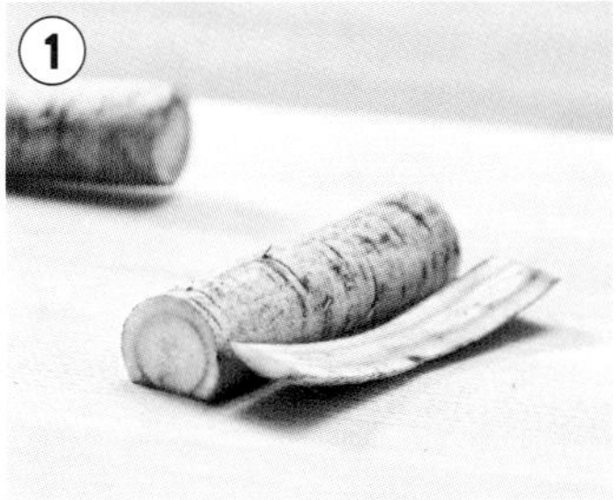

包丁の上で転がらないように、写真のように片面を薄く切って平らにする。

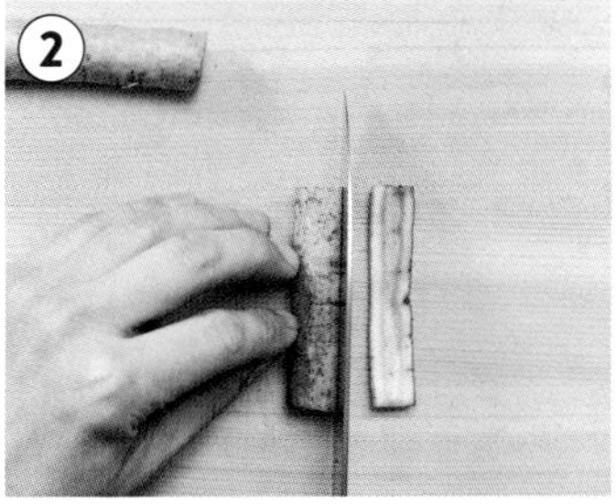

①で切った面を下にして、写真のように端から薄く切っていく。

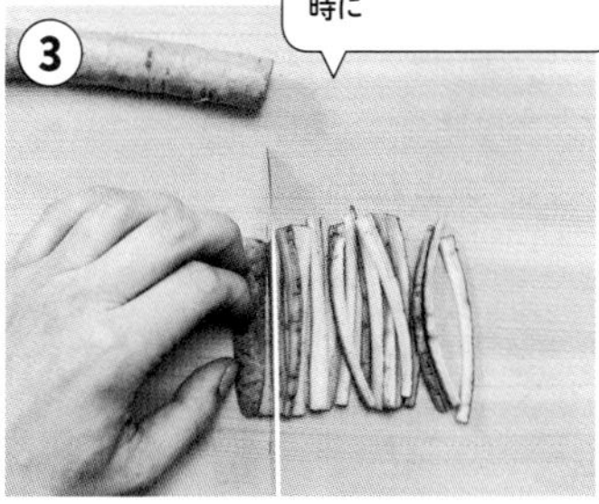

②で切ったごぼうをまな板に一列に並べ薄い板のようにし、端から細く切っていくと細切りしやすい。

麦ライスの偏向的

おすすめ道具ベスト3

第1位 ゴムベラ

混ぜる時、ボウルに生地などを加える時など、とにかく便利な道具。食材を余すことなくすくえるので洗い物も楽に。耐熱のシリコンタイプがおすすめ。

第2位 ホイッパー

箸よりすばやく混ぜられるのでとても便利。ボウルなど器具を傷つけたくない時はシリコン素材のものがおすすめ。

第3位 シリコンスプーン

スプーン形状なので、炒める時だけでなく、汁気のある煮物などを作る時も便利。素材がシリコンのものがおすすめ。金属のものだと、鍋底に傷をつけてしまいます。

この本のルール

【計量単位】

大さじ1＝15㎖

カレーを食べる時の大きめのスプーンぐらい

小さじ1＝5㎖

だいたいティースプーンぐらい

【電子レンジ】

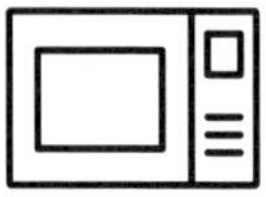

600W

電子レンジのワット数や加熱時間は、メーカーや機種によって異なりますので、様子を見て加減してください。また加熱する際は、付属の説明書に従って耐熱性の器やボウルなどを使用してください

- バターは特に記載がない場合は有塩タイプを使用
- 卵はM玉を使用
- 砂糖は「グラニュー糖」を使用
- めんつゆは「2倍濃縮」のものを使用
- ブラックペッパーは「あらびき」タイプを使用
- ローズマリーはすべて「フレッシュ」、オレガノはすべて「ドライ」タイプを使用

PART1

人気も味も最高！

麦ライスのスペシャルごはん&卵料理レッスン

これまでTwitterで紹介してきたレシピの中でも**特に人気の高かったもの**や、
僕自身、日ごろ家族と一緒によく食べている鉄板10レシピを紹介します。
また「家庭科の教科書にのっけてほしい」と
コメントをもらった
ゆで卵の時間表と、みんな大好きな卵レシピも、ここで紹介。
ぜひ気負わずゆるっと作ってほしいです！

ピーマンが苦手でも大丈夫！

麦ライス家の永久ピーマン

だからおいしい！

バター、めんつゆ、しょうゆの味つけがピーマンにベストマッチ！

材料　（1〜2人分）

ピーマン	4個
バター	大さじ1
めんつゆ	大さじ1
しょうゆ	小さじ1

さらにおいしいコツ

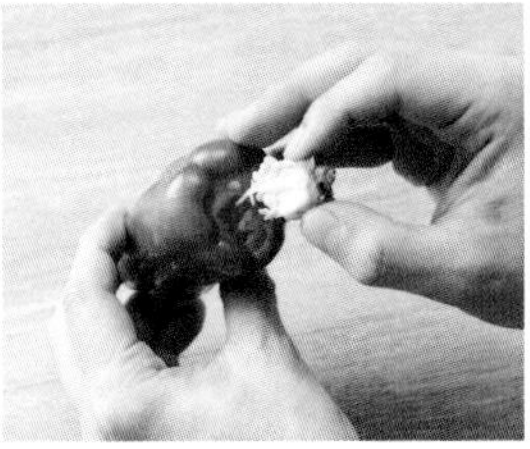

種を引っこ抜いたら、残りの種は全部取らなくてOK。このレシピに限らずピーマンの種は果肉と一緒に炒めて食べるとさらにおいしく栄養価も高いんです。

作り方

1 下ごしらえ

ピーマンのへた（頭の部分）に親指をあて、下に向かって指を押し込み種を取り除く。

2 火にかける

フライパンを中火にかけてバターを熱し、一口大に切ったピーマンを種がついたまま入れる。

3 炒める

菜ばしでひっくり返しながら、ピーマンと種に焼き色がつくまで炒める。

4 味つけ

めんつゆとしょうゆを加え、軽くからませたら完成。

実はお家で簡単にできちゃう！

炊飯ローストビーフ

だからおいしい！

炊飯器の保温機能で、
ゆっくり火を入れるから
お肉がやわらかい！

材料 （作りやすい分量）

牛もも肉（ブロック）	300～500g
バター	大さじ2
サラダ油	大さじ2

おいしいソースの作り方

保存袋に残った肉汁を小鍋かフライパンに入れ、玉ねぎのみじん切り（1/8個分）、おろしにんにく（小さじ1）、しょうゆ（小さじ1）、バター（大さじ1）、水（大さじ1）を加える。とろみがつくまで煮詰めたら完成！

作り方

1 焼く

炊飯器に水を入れ保温しておく。室温に戻した牛もも肉に少し強めに塩、ブラックペッパー（分量外）を振り、油をひいたフライパンで表面を焼く。

2 下準備

バターと焼いた肉を保存袋に入れ、空気をしっかり抜くようにしながら袋の口を閉める。

3 保温する

保温しておいた炊飯器に保存袋を入れて蓋をし、約35分間放置する。

4 冷やす

35分たったら、保存袋を取り出し氷水で冷やす。冷めたら薄くスライスし、右上のソースをかけていただく。

誰でもきれいに巻けちゃう！

洋食屋さんのオムライス

だからおいしい！

卵液に片栗粉を入れると卵がやぶけず、きれいに巻ける！

材料 （1〜2人分）

ケチャップライス	
ごはん	200g
ウィンナー	2本
玉ねぎ、パプリカ（赤）	各1/4個
塩	ひとつまみ
バター	大さじ1
しょうゆ	小さじ1/2
ケチャップ	大さじ5

薄焼き卵	
卵	1個
片栗粉	ひとつまみ
塩	ひとつまみ
サラダ油	小さじ1

作り方

1 焼く

ケチャップライスを作る。フライパンにバターを溶かし、ウィンナーをしっかり焼き目がつくまで弱火で炒める。

2 味つけ

1にみじん切りした玉ねぎ、パプリカを加え、塩、しょうゆで調味する。ケチャップを加え、水分が少し飛ぶまで弱火で炒める。

3 ケチャップライス完成

2にごはんを加え、よく混ぜ合わせる。弱火のまま。

4 成形する

ラップをしいたお椀に3のケチャップライスを詰め、お皿に移す。ラップの上から楕円形に成形する。ラップを取る。

5 薄焼き卵完成

下のように作った薄焼き卵を、まな板の上に敷いたラップの上にゴムベラを使って取り出す。

6 完成

4の上にラップごと5の薄焼き卵をのせ、包み込むようにして形を整えて完成。

絶対やぶれない薄焼き卵の作り方

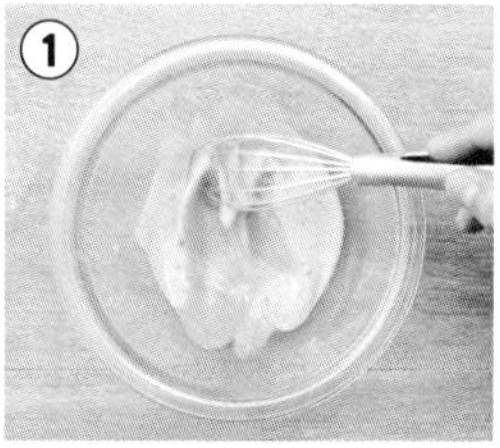

卵と塩、片栗粉をホイッパーでよく混ぜる。

片栗粉が溶けたらサラダ油を加え混ぜ、茶こしで濾す。

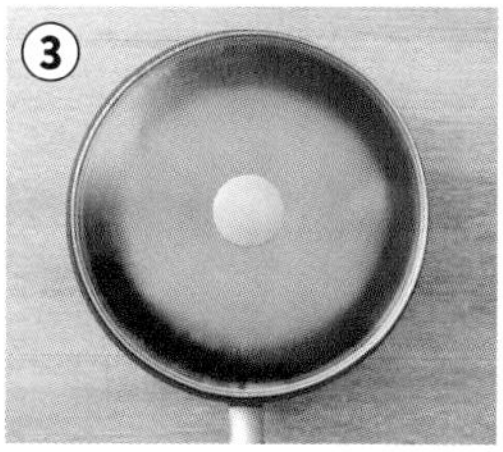

フライパンを弱火にかけ、卵液を流し入れる。蓋をして焼く。

3分ほど焼き火が入ったら完成。ふちをゴムベラでなぞり、薄焼き卵をはがす。

絶対誰でもできる！

超絶パラパラチャーハン

だからおいしい！

あらかじめお米を卵と油でコーティングするからパラパラに！

材料 (1人分)

	長ねぎ	1/2本
	卵	1個
	サラダ油	小さじ1
	チャーハン用ごはん	
	・温かいごはん	200g
	・卵	1個
	・サラダ油	小さじ1
A	おろしにんにく	小さじ1/2
A	中華だし(顆粒)	小さじ1
A	しょうゆ	大さじ1

さらにおいしいコツ

パラパラの決め手はこのチャーハン用ごはん！　ホイッパーで卵と油をだまがなくなるまで、たたくように混ぜ合わせます。冷ごはんの場合はレンジで温めてから。品種は粘りけの少ない「あきたこまち」がおすすめ。

作り方

1 焼く

フライパンにサラダ油を入れ中火にかける。長ねぎにしっかり焼き色をつける。

2 炒める

1に溶き卵を入れ、その上に混ぜておいたチャーハン用ごはん（右上参照）を加える。

3 さらに炒める

大きめのスプーンなどでざっくり全体を混ぜ合わせながら、パラパラになるまで炒める。

4 味つけ

Aを加える。炒め合わせて完成。

外サクッ、中とろっ！

なすの甘辛揚げ

材料　（1人分）

なす（1本を縦3等分）		2本
A	しょうゆ	大さじ1
	みりん	大さじ1
	おろしにんにく	小さじ1/2
片栗粉		大さじ5
サラダ油		大さじ2

だからおいしい！

焼く前になすに調味料を吸わせてるから、油を吸いすぎずヘルシー！

作り方

1　下準備

なすにAをしっかりからませ、耐熱皿に入れラップをかけてレンジで6分加熱する。

2　粉をまぶす

1をボウルに入れ、片栗粉をすばやくまぶす。

3　火にかける

フライパンを中火にかけサラダ油を熱し、2を入れて両面揚げ焼きする。耐熱皿に残った汁はレンジで2分加熱し、食べる直前にかけていただく。

食べ始めたら止まらない！

麦ライス家の永久キャベツ

材料（1〜2人分）

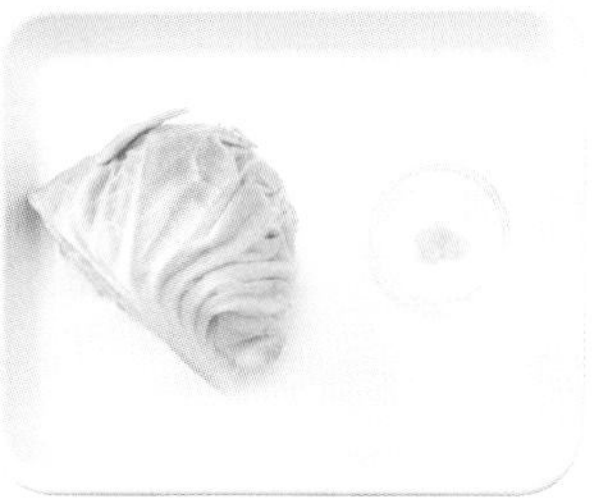

キャベツ		1/4個
A	しょうゆ	大さじ1
	ごま油	大さじ1
	豆板醤	小さじ1
	砂糖	小さじ1
	昆布だし（顆粒）	小さじ1
	おろしにんにく	小さじ1/2

だからおいしい！

合わせ調味料の中の小さじ1の砂糖が、旨味をぐーんとアップ！

作り方

1 下準備

キャベツは手で一口大にちぎる。

2 調味する

Aをボウルに入れた1に加える。菜ばしで混ぜ合わせて完成。好みで白ごまを振る。

さらにおいしいコツ

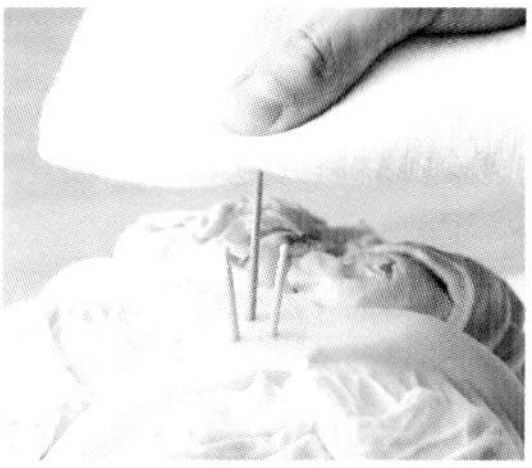

キャベツの芯に爪楊枝を刺して成長を止めると1か月近くシャキシャキを保てます。レタスや白菜も同じようにすれば、長く保存可能。ラップに包むか保存袋に入れればさらに長持ち。

極弱火で、ゆったりまったり作る

麦ライス家のカステラパンケーキ

だからおいしい！

蓋をして極弱火で上下からゆっくり熱を入れることで分厚くなる！

材料 (3〜4人分)

ホットケーキミックス	180g(1袋)
卵	1個
牛乳	170mℓ

※どのメーカーのホットケーキミックスでもしっとりおいしく作れます。分量はホットケーキミックスの袋の記載に従ってください！

※フライパンはフッ素加工の20〜26cmのものを使います。油を引くと温度が高くなりすぎるので、油は使いません

さらにおいしいコツ

作り方1で粉を加えたらだまがなくなるまで混ぜますが、ここで混ぜすぎると生地にねばりが出てふくらみも悪くなるので注意。粉をふるって入れると短時間できれいに混ざります。

作り方

1 生地を作る

卵、牛乳をボウルに入れ、かたむけながらホイッパーを左右に行き来させ、表面が軽く泡立つまで混ぜる。ホットケーキミックスを加え混ぜる。

2 焼く

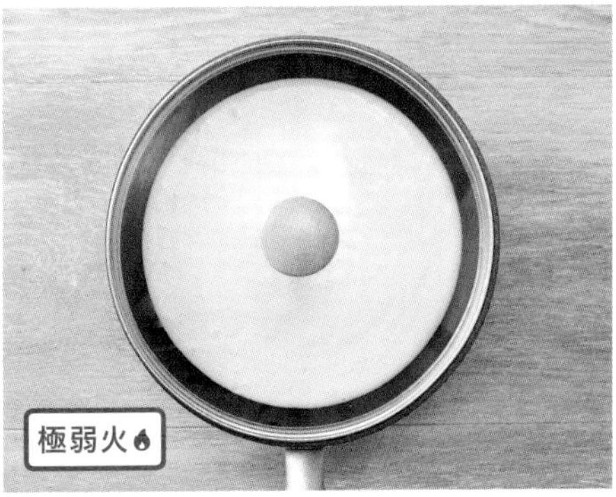

極弱火でフライパンを熱し、人肌ぐらいの温かさになったところで1を流し入れる。蓋をしてそのまま15分加熱する。

3 確認する

15分たったら蓋をあけ、表面に穴があき、ポツポツとはじけてきているのを確認する。

4 ひっくり返す

ゴムベラでパンケーキの周りをぐるりとなぞってからひっくり返す。蓋をして極弱火のまま5分焼いて完成。

ヘルシーなのにすごく濃厚

豆乳みソイ汁

材料 (3〜4杯分)

水		250mℓ
A	小松菜	4株
	味噌	大さじ2
	昆布だし(顆粒)	小さじ2
	砂糖	小さじ1と1/2
	すり白ごま	大さじ2
豆腐		1/2丁〜好みの量
無調整豆乳		250mℓ

だからおいしい！

味噌と豆乳の組み合わせがおいしい！　豆乳は高温にしすぎると分離するので沸騰NG！

作り方

1 温める

鍋に水と**A**を入れて火にかける。

2 豆腐を加える

1が沸騰したら、豆腐をスプーンですくって入れる。

3 豆乳を加える

豆乳は高温で加熱すると分離するので最後に加える。2に豆乳を加え、軽く温めたら完成。

多分世界一おいしい

濃厚卵サンド

材料 (2人分)

サンドイッチ用食パン	6枚
10分ゆで卵	1個
13分ゆで卵	1個
マヨネーズ	50g
塩	ひとつまみ
砂糖	ひとつまみ

※ゆで卵の作り方はP28～29s参照

だからおいしい!
ゆで時間の違うゆで卵を使うことで、白身と黄身が複雑に混じり合うのがこだわり!

作り方

1 下準備

卵2個の殻をむき、白身と黄身にわけて包丁などで細かく刻む。

2 白身に味つけ

白身にマヨネーズ、塩、砂糖を加えよく混ぜる。

3 サンドイッチの具の完成

わけておいた黄身を2に加え、黄身をつぶさないようさっくりと混ぜる。食パンにのせて挟み、サンドイッチの完成。

漬け込みいらずですぐできる！

ふわふわ
フレンチトースト

だからおいしい！

レンジにかけてしみしみにしたら、弱火でゆっくり火を通してふわふわに！

材料　(1人分)

食パン	6枚切り1枚
卵	1個
牛乳	100mℓ
砂糖	大さじ2
バター	大さじ1

さらにおいしいコツ

バターはブロックで購入し、4〜5g(1.3cm角)ずつカット。1つ小さじ1でいろんなレシピに使えます！

作り方

1 卵液を作る

卵、牛乳、砂糖をボウルに入れ、ホイッパーで卵のこしがなくなるまでよく混ぜる。

2 レンジにかける

耐熱皿に半分に切った食パンを置き1を注ぐ。パンを軽く押しつぶしながら液を吸わせ、レンジで1分加熱する。

3 焼く

フライパンを弱火にかけバターを溶かし2を焼く。耐熱皿に残った液を注ぎ使い切る。

4 完成

弱火のまま両面が色づくまで焼いて完成。

＼麦ライスの／

卵料理レッスン

僕のTwitterで過去一番バズった「ゆで卵の時間表」を紹介します。みなさんはどのゆで時間の卵が好きですか？　今後のゆで卵ライフの参考にしてください！

ありそうでなかった

ゆで卵の時間表

材料（1人分）

卵	好きなだけ
水	鍋にたっぷり

6分

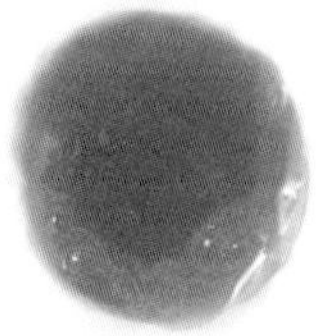

7分

8分

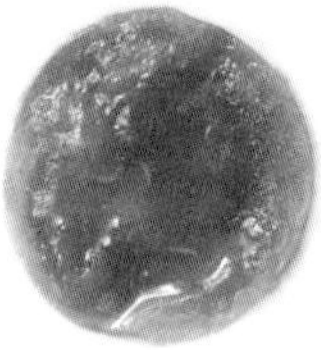

9分

10分

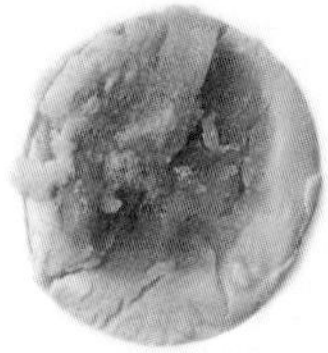

11分

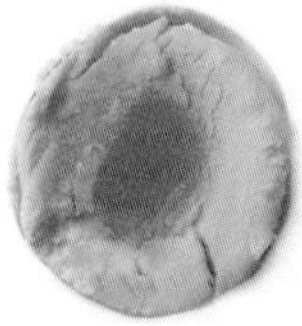

12分

13分

作り方

1 ぬるま湯にくぐらす

冷蔵庫から出したての冷たい卵を、ぬるま湯にくぐらせる。温度差で卵にひびが入らないように。

2 お湯に入れゆでる

鍋に水を入れ火にかける。沸騰したら卵を網やお玉にのせて静かにお湯に入れタイマーをかける。

3 好みの時間でゆでる

卵を入れると温度が下がるので再度沸騰させる。中火をキープしたままゆでる。

4 急冷する

ボウルに氷水を入れたものを用意し、時間になったら卵をそっと入れ急冷するときれいにむける。

失敗しない**ゆで卵のむき方**

まな板の上でそっとたたきながら殻全体に、できるだけ細かいひびを入れてから、流水でむく。

まな板の上で手のひらで転がして、全体に細かくひびを入れてから、同じように流水でむく。

殻と卵の間に流水を入れるようにしてむく。ひびが細かい方がきれいにむけるのは、むいた時に殻が白身に刺さりにくいから。

切る時のPOINT

糸で切ると教わった人もいるかもしれませんが、包丁に薄く油を塗って、垂直にゆっくり切るときれいに切れる。

高級ホテル風

とろっとろスクランブルエッグ

材料　(2人分)

卵	2個
牛乳	30mℓ
塩	2つまみ
砂糖	4つまみ
バター	小さじ1

ゆっくり加熱するのがトロトロになる秘訣！牛乳を生クリームに変えるとさらにリッチな味に！

作り方

1　卵液を作る

ボウルに卵、牛乳、塩、砂糖を入れホイッパーでこしがなくなるまでよく混ぜる。

2　卵液を入れる

フライパンを極弱火にかけバターを入れ、バターが溶けきる前に1を流し入れる。

3　混ぜ続ける

火が入りやすい周りに注意しながら約10分全体を混ぜ続ける。予熱で火が入るので少しゆるいかなというところで皿に盛り完成。

いつでも自分好みの固さに！

いつもおいしい目玉焼き

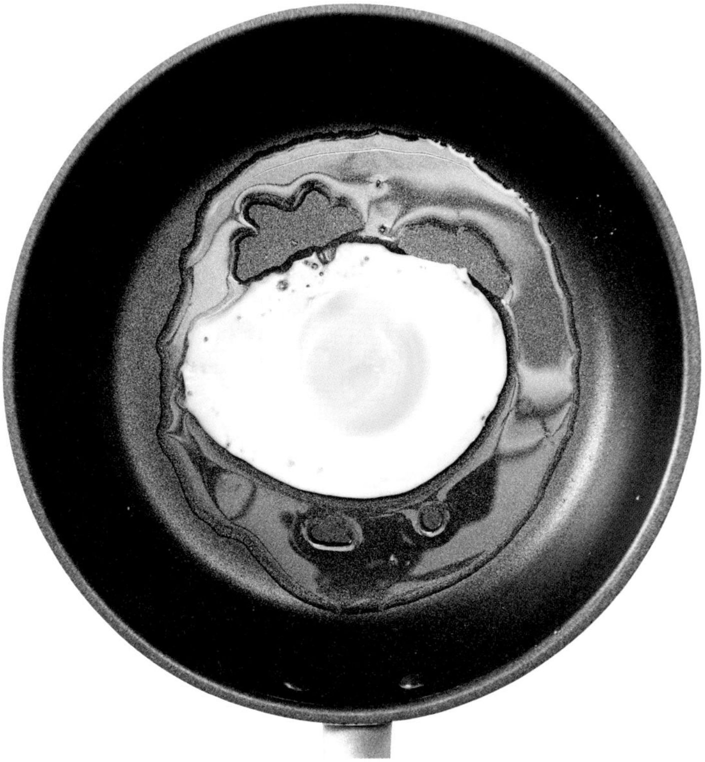

材料（1人分）

卵	1個
サラダ油	大さじ1

火をつける前に卵を割り入れ、中火→極弱火で焼くのが失敗しないコツ！

作り方

1 冷たいフライパンで焼く

冷たいフライパンにサラダ油を入れ、卵を割り入れる。中火にかけ、パチパチ音が鳴り出したら極弱火に落とす。

2 蓋をして焼く

蓋をして極弱火のまま3分放置したら完成。半熟すぎる場合は極弱火のまま好みの固さになるまで様子を見ながらさらに加熱して仕上げる。

ふちがカリカリが好きな人へ

2の後、蓋を外し強火で30秒～1分焼くとふちがカリカリになります！

焼いたねぎの味がポイント

極うま味つけ卵

材料　（6個分）

冷えたゆで卵（6分ゆで）		6個
サラダ油		小さじ1
長ねぎの緑の部分		1本分
A	しょうゆ	大さじ5
	みりん	大さじ5
	砂糖	大さじ2
	おろしにんにく	小さじ1
水		150mℓ

袋で漬ける場合は、しっかり空気を抜くとすみずみまで味がしみ込みます。相当うまいのでぜひお試しを！

作り方

1 ねぎを焼く

フライパンにサラダ油をひき中火にかける。長ねぎを入れ、しっかり焼き色がつくまでトングなどでおさえながら焼く。

2 調味料を入れる

水と**A**を1に入れ、煮立たせる。沸騰したら火を止め液をしっかり冷ます。

3 保存袋に入れ寝かせる

ゆで卵と2を保存袋などに入れ、空気を抜くようにして封をし冷蔵庫で一晩寝かせたら完成。

レンジであっという間にできちゃう

お手軽温泉卵

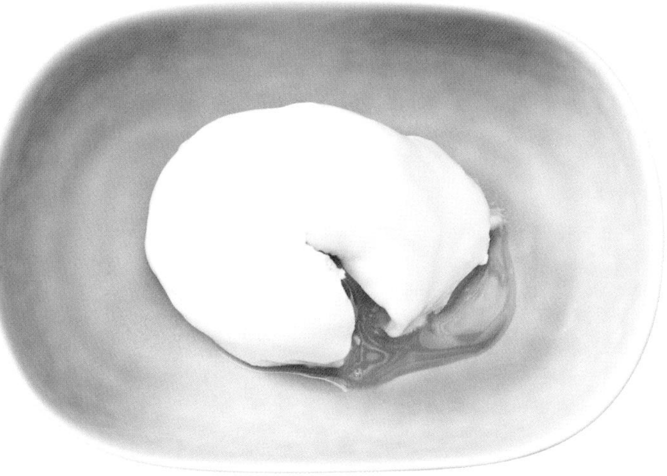

材料 （1人分）

卵	1個
水	200mℓ
酢	小さじ1

②で液を勢いよく注いだり、漬かり具合が足りないとうまくできないことがあります。あとは加熱後、お湯に長時間入れておくのもNGです。

作り方

1 黄身に穴をあける

耐熱皿に冷蔵庫から出したての卵を割り入れ、爪楊枝で黄身に穴をあける。

2 水と酢を入れる

①の卵がひたるように、水に酢を溶かした液をやさしく注ぐ。

3 レンジにかけて完成

ラップをせずにレンジで、1分30秒加熱したら完成。器の大きさや水の量で出来上がりが変わるので様子を見ながら加熱時間を調整する。

とろっサクッがたまらない！

やみつき卵の天ぷら

材料　（2個分）

ゆで卵（6分ゆで）	2個
てんぷら粉（打ち粉用）	適量
てんぷら粉 （分量の水で溶いておく）	適量
油	適量
大根おろし	大さじ2
めんつゆ	大さじ2

塩や天ぷらのつゆで食べてもおいしいけど、僕は大根おろしとめんつゆで熱々をいただくのが大好き！

作り方

1　ゆで卵に穴をあける

揚げた時に爆発しないよう、ゆで卵のお尻に竹串などで穴をあける。卵全体にまぶすように、打ち粉をする。

2　天ぷら衣にくぐらせる

天ぷらにするゆで卵はできるだけ冷たいものを使う。天ぷら衣を作って1を入れ、ゴムベラでやさしく衣をつける。

3　揚げる

揚げ油を170度に熱し、2をトングなどでそっと入れる。途中で一度ひっくり返したら、ザルの上にあげて完成。

PART2

においだけでおなかがすく

コスパ食材で
パパッとうまい！
肉と魚のレシピ

僕の料理のコンセプトで、料理をおいしくする秘訣だと思っている

「焼き味は最高の旨味調味料」を実感できるレシピをここに集めました。

このページで紹介している**おいしく作るコツ**を

覚えれば、火の入れ加減で味が決まる

肉料理と魚料理が得意になることまちがいなし！

重しをして焼いたパリパリ皮が最高！

ハーブチキンソテー

だからおいしい！

重しをのせ弱火でしっかり火を入れると皮の水分が抜けてパリパリに！

材料 (1人分)

鶏もも肉		1枚(約250g)
ローズマリー		1本
A	塩	小さじ1/2
A	ブラックペッパー	小さじ1/4
A	にんにく(スライス)	2片
A	オレガノ	小さじ1/2
A	サラダ油	大さじ1
A	酒	大さじ1
サラダ油		大さじ3

30分間しっかり密閉して、お肉ににんにくやローズマリーの風味をつけるとお店の味になる！

作り方

1 下準備

鶏もも肉をまな板に広げ、分厚い部分に切り込みを入れて平らに開き、火が通りやすくする。

2 マリネする

Aをすべて袋に入れ、鶏肉とローズマリーも入れる。空気を抜くようにして封をし、30分間室温でマリネする。

3 焼く

フライパンにサラダ油大さじ3をひき、ローズマリーとにんにくも一緒に皮を下にして鶏肉を置く。アルミホイルと小鍋をのせ、弱火で10分焼く。

4 さらに焼く

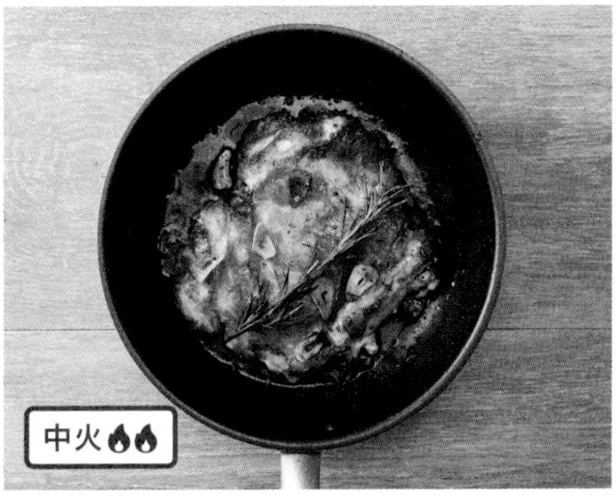

10分後、焼き色がついたらアルミホイルと小鍋を外しひっくり返す。裏面を約2分焼いて完成。

こげも生焼けも心配無用！

ジューシーハンバーグ

だからおいしい！

ひっくり返して蓋をしたら極弱火に。ゆっくり加熱すれば生焼け、こげなし！

材料 （6個分）

	牛豚合いびき肉	500g
A	卵	1個
A	乾燥パン粉	30g（130mℓ）
A	塩	小さじ1
A	ブラックペッパー	小さじ1
	サラダ油	小さじ1
	にんにく（つぶす）	2〜3片

B	ケチャップ	大さじ2
B	中濃ソース	小さじ2
B	水	100mℓ
B	片栗粉	小さじ1
B	砂糖	小さじ1
B	ブラックペッパー	小さじ1/3
	バター	小さじ1

作り方

1 材料を準備する

ボウルに、合いびき肉と**A**を入れる。

2 混ぜる

1を手でこねるようにしながらよく混ぜる。

3 成形する

表面にしわが入らないよう左下のコツを参考に6個に成形する。手のひらを使い、きれいな楕円形に整える。

4 焼く

フライパンにサラダ油をひき、3とにんにくを並べ中火で焼き色がつくまで（写真参照）焼き、ひっくり返す。

5 さらに焼く

火加減を極弱火に落とし、アルミホイルの落とし蓋をして10分焼いて完成。

6 ソースを作る

5を取り出す。**B**をよく混ぜ合わせたものを加え、火にかける。沸騰したらバターを加えなじませたら完成。

さらにおいしいコツ

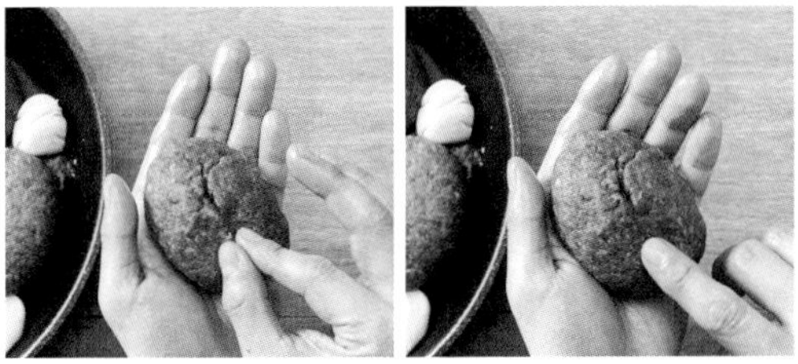

焼いたハンバーグにひび割れがおきてしまうのは、中に空気が入っていたりタネの表面にきれつがあるため。写真のようにつまんでから指のはらでなでてきれいにするとひび割れがおきません。

ハンバーグソースは残った油に移った肉の旨味を有効活用！　ステーキでも同様に作ってソースができる！

安いお肉が定食屋の味に！

豚バラ肉のしょうが焼き

だからおいしい！
ケチャップの旨味とタバスコのほどよい辛味でさらに絶品に！

材料 （2人分）

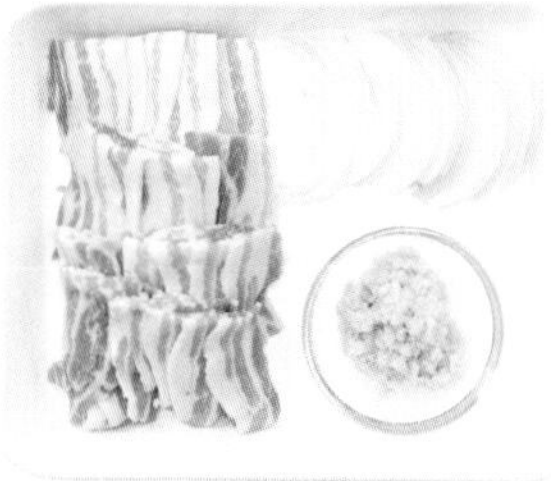

豚バラ肉（一口サイズ）		300g
玉ねぎ（薄切り）		1/2個
A	しょうゆ	大さじ2
	酒	大さじ4
	砂糖	大さじ1
	みりん	大さじ2
	ケチャップ	大さじ1
	おろししょうが	大さじ4
	タバスコ	2滴

作り方

1 焼く

フライパンを中火にかけ、豚バラ肉と玉ねぎを入れる。肉から出る油で焼く。

2 焼き色をつける

玉ねぎがしんなりし、豚肉と玉ねぎに写真のように焼き色がつくまで炒める。

3 味つけ

Aをすべて合わせ2に加える。味が全体にまわったら完成。

エビよりハマるかも!?

鶏のチリソース炒め

材料 (2人分)

	鶏もも肉	2枚(1枚250g)
	サラダ油	小さじ2
A	長ねぎ(みじん切り)	1本
	砂糖	小さじ2
	ケチャップ	大さじ6
	鶏ガラ(顆粒)	小さじ1
	しょうゆ	小さじ1
	豆板醤	小さじ1
	おろししょうが	小さじ1
	おろしにんにく	小さじ1
	水	100mℓ
	片栗粉	小さじ2

だからおいしい！

合わせ調味料で片栗粉を溶くからまんべんなくとろみがつく！

作り方

1 切って焼く

鶏もも肉を一口大に切る。フライパンでサラダ油を中火で熱し、肉を入れ両面にしっかり火を入れる。

2 味つけ

Aをボウルでよく混ぜ合わせ、1に入れる。

3 煮る

中火のまま調味料をからませるようにして煮る。調味料にとろみがついたら完成。

パーティーにぴったり！

ウィンナーフライ

だからおいしい！

一度にたくさん揚げると油の温度が下がってうまく揚がらないので、入れすぎに注意する。

材料（1〜2人分）

ウィンナー	8本
小麦粉（打ち粉用）	適量
ドライパン粉	適量

バッター液

A	水	大さじ3
	卵	1個
	薄力粉	大さじ7

※バッター液とは粉→卵→パン粉をつける工程をひとまとめにした便利な衣液のこと

ケチャップ	大さじ2
中濃ソース	大さじ1

作り方

1 バッター液を作る

Aをボウルに入れてホイッパーでよく混ぜ、バッター液を作る。

2 粉をつける

ウィンナーに小麦粉をつけ余計な粉を落とし、バッター液、ドライパン粉の順に粉をつける。

3 揚げる

180度に温めた油に②を1本ずつ入れていく。入れた瞬間、泡がたくさん出てくるのがちょうどよい温度。

4 完成

いい色に揚がったら取り出す。ケチャップと中濃ソースを混ぜたものにつけていただく。

まさにメシ泥棒なおかず

豚バラねぎ塩だれ

材料 （2人分）

豚バラ肉		300g
長ねぎ（みじん切り）		1本
A	みりん	大さじ2
	しょうゆ	小さじ2
	中華だし（顆粒）	小さじ1
	おろしにんにく	小さじ1
	ブラックペッパー	小さじ1
	水	小さじ5
	ごま油	大さじ1
	レモン汁	小さじ2
	片栗粉	大さじ1

だからおいしい！

レモンとごま油は加熱しすぎると香りが飛ぶ。とろみがついたらすぐに止火。

作り方

1 焼き始める

油をひかずフライパンに豚バラ肉と長ねぎを入れる。

2 しっかり焼く

写真のような焼き色になるまでしっかり豚肉と長ねぎを焼き、焼き味を出す。

3 味つけ

2に火が入ったらよく混ぜ合わせておいたAを加える。とろみがついたら完成。

濃厚だれが激うまっ!

牛肉の甘辛炒め

材料 (2人分)

牛薄切り肉		300g
ローズマリー		1本
じゃがいも(一口大に切る)		200g
A	しょうゆ	大さじ4
	みりん	大さじ4
	砂糖	大さじ2
	にんにく(みじん切り)	大さじ1

だからおいしい!

じゃがいもはメークインで。形が崩れにくいので、ホクホクの食感が楽しめる。

作り方

1 肉を焼く

中火にしたフライパンでサラダ油(分量外)を熱し、牛薄切り肉をローズマリーと一緒に炒める。

2 味つけ

軽く濡らしてラップに包み、レンジで4分加熱したじゃがいもを加え、混ぜ合わせた**A**を加える。

3 煮詰める

とろみとつやが出るまで煮詰めたら完成。

パリパリ皮が美味！

手羽先の塩焼き

材料 （4本分）

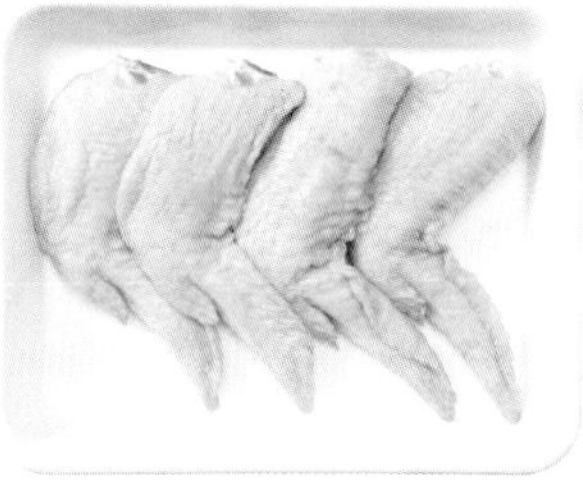

鶏手羽先	4本
サラダ油	大さじ2
塩	4つまみ
ブラックペッパー	4つまみ

※塩とブラックペッパーは1本につきひとつまみ

だからおいしい！

少し多めの油と弱火キープの火加減がポイント。中火でやるとこげちゃうよ。

作り方

1 フライパンに並べる

手羽先全体、両面に塩コショウをまぶし、火はつけずサラダ油をひいたフライパンに皮を下にして並べる。

2 焼く

火加減は弱火。アルミホイルの落とし蓋と小鍋をのせ、パチパチ音が鳴り始めたらそのまま10分焼く。

3 ひっくり返して焼く

蓋と重しを取り除き、手羽先をひっくり返す。2分ほど焼いて完成。

はちみつの甘みがおいしさの秘密

本格タンドリーチキン

材料 (2人分)

鶏もも肉		2枚(1枚約250g)
A	塩	2つまみ
	ヨーグルト	大さじ3
	ケチャップ	大さじ2
	カレー粉	大さじ2
	おろししょうが	大さじ1
サラダ油		大さじ1
はちみつ		大さじ2

だからおいしい!

Aの調味料の量を増やすと、ばかうまチキンカレーにもなる。

1 漬ける

鶏もも肉は一口大にカットしボウルに入れる。**A**を加えて混ぜ合わせ落としラップをし、30分以上室温で漬けておく。

2 焼く

サラダ油をひいたフライパンを弱めの中火にかけ、1を入れる。肉の両面に火が通るまでじっくり焼く。

3 仕上げ

最後にはちみつを加え、あえたら完成。

中濃ソースだけじゃもったいない！

ミラノ風トンカツ

だからおいしい！

揚げ物は、食材を室温に戻してから揚げると半生のリスクを避けられる！

材料　（1人分）

豚ロース肉		1枚（約150g）
塩		2つまみ
オレガノ		2つまみ
ブラックペッパー		2つまみ
バッター液		
A	水	大さじ3
A	卵	1個
A	薄力粉	大さじ7
ドライパン粉		適量
揚げ油		適量

トマトソースの作り方

材料はミニトマト（4等分）10個、ケチャップ大さじ1、おろしにんにく小さじ1/3、オリーブ油小さじ1、砂糖3つまみ、オレガノ小さじ1/2、塩2つまみ。小鍋に材料すべてを入れ火にかけ、トマトがやわらかくなったら完成！

作り方

1 下準備

豚ロース肉全体にフォークで穴をあけ、塩、オレガノ、ブラックペッパーをまぶす。

2 バッター液をつける

Aをよく混ぜてバッター液（P43参照）を作り、1にからませる。

3 パン粉をつける

バットなどにパン粉を入れ、2を上に置いてパン粉をつける。

4 揚げる

油を170度に熱して3を入れ、いい色になるまで揚げる。トマトソースをかけていただく。

時間がたってもサクサク

揚げ焼きから揚げ

だからおいしい!

片栗粉を後からまぶすと時間がたってもサクサク感をキープできる!

材料（2人分）

鶏もも肉		2枚（1枚約250g）
A	しょうゆ	大さじ2
	おろしにんにく	大さじ4
	昆布だし（顆粒）	小さじ2
	みりん	大さじ2
小麦粉		大さじ6
片栗粉		大さじ6
揚げ油		大さじ5

肉の切り方の基本

切る時は、肉がつぶれないよう包丁の摩擦を意識しながら切ります。真下に力を入れて肉をつぶすのではなく、刃を大きく上下にギコギコ動かすのが基本！

作り方

1 肉を切る

鶏もも肉をまな板に広げ、厚みのあるところに切り込みを入れ平らにし、1枚を7〜8等分にカットする。

2 漬ける

混ぜ合わせたAと①を袋に入れ、空気を抜くようにして封をし室温で30分ほど漬けておく。

3 粉をまぶす

②の水気を軽くふき取り、小麦粉→片栗粉の順に粉をまぶす。

4 揚げる

フライパンを弱火にかけて油を熱し、③を入れ両面を揚げ焼きして完成。分量以上の鶏肉で作る場合は、通常通り揚げた方がベター。

町中華の人気定番メニュー

サクサク油淋鶏

材料　(1〜2人分)

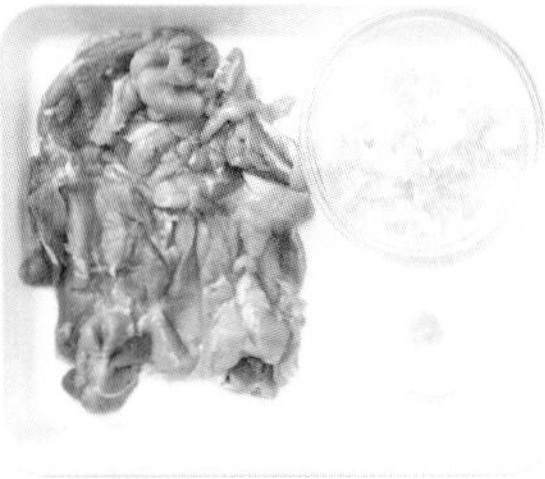

鶏もも肉	1枚(約250g)
塩	2つまみ
片栗粉	大さじ4
揚げ油	大さじ5

だからおいしい!

できるだけ鶏肉に切り込みを入れ、平らにして焼くと均一に火が入ってうまく作れる。

作り方

1　粉をまぶす

鶏もも肉は分厚い部分に切り込みを入れ平らにする。塩を振り、分量の片栗粉をまぶす。

2　揚げ焼きする

フライパンに油を入れ弱火で両面揚げ焼きする。食べやすい大きさに切り、右のソースをかけて完成。

油淋鶏ソースの作り方

長ねぎのみじん切り…1/2本分
しょうゆ…大さじ2
酢…大さじ2
砂糖…大さじ2
にんにく(チューブ)…小さじ1/2
鶏ガラ(顆粒)…小さじ1/3
ごま油…大さじ1

すべてをボウルに入れて混ぜ合わせ、熱々の揚げた鶏肉にかけていただく。

大人も子どもも大好物！

最強のチキン南蛮

材料（1〜2人分）

鶏もも肉	1枚（約250g）
塩	ひとつまみ
小麦粉	大さじ2
卵	1個
揚げ油	大さじ5
タルタルソース	好みの量

※濃厚卵サンドの具材を使用（25ページ参照）

だからおいしい！

甘酢たれは砂糖ではなくはちみつで甘みを出すとおいしい。

作り方

1 下準備

鶏もも肉に塩を振り、分厚い部分に切り込みを入れて平らにする。

2 完成

小麦粉と卵を混ぜ合わせた衣をつけ、左ページと同じように揚げ焼きする。5等分し甘酢たれとタルタルソースをかけて完成。

南蛮用甘酢たれの作り方

しょうゆ…大さじ2
酢…大さじ1
はちみつ…大さじ2
昆布だし（顆粒）…小さじ1/2

ボウルですべて混ぜ合わせたら完成。サラダのドレッシングとしても使えます。

ケチャップが隠し味

韓国風チキン

だからおいしい!

コチュジャンと合わせたケチャップとみりんが絶妙な旨辛味を演出。

材料　(2〜3人分)

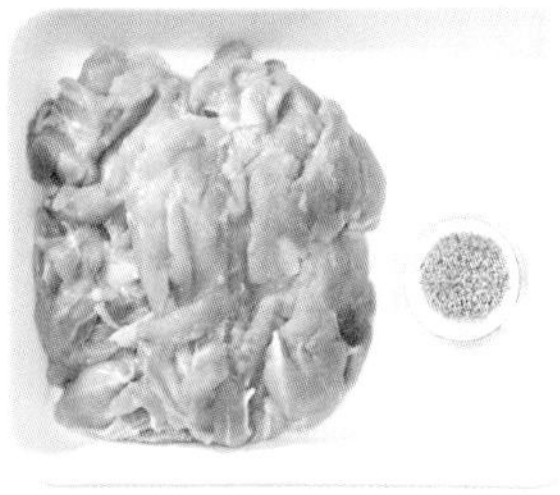

鶏もも肉		2枚(1枚約250g)
小麦粉		大さじ6
揚げ油		大さじ4
A	コチュジャン	大さじ2
A	ケチャップ	大さじ4
A	焼き肉のたれ(中辛)	小さじ4
A	みりん	小さじ2
A	白ごま	小さじ1

作り方

1　揚げ焼きする

鶏もも肉は分厚い部分に切り込みを入れ平らにし、1枚を7〜8等分にカット。小麦粉をまぶし、揚げ焼きする。出てきた余分な油をふき取る。

2　味つけ

両面がこんがりと焼けたら、**A**を加え全体になじませて完成。

辛いのが苦手な人や、子どもにはコチュジャンを減らして、焼き肉のたれを甘口にするといいですよ!

ほっこりやさしい味つけ

鶏肉のみぞれ煮

材料（1〜2人分）

鶏もも肉		1枚（約250g）
塩		ひとつまみ
片栗粉		大さじ1
サラダ油		大さじ1
A	しょうゆ	大さじ1
	みりん	大さじ1
	酒	大さじ1
	砂糖	小さじ1
	和風だし（顆粒）	小さじ1/2
	大根おろし	150g（大根4cm分）
	水	50mℓ
なす（一口大に切る）		1本

だからおいしい！

鶏肉にまぶした片栗粉が旨味をしっかりキャッチ。ほどよいとろみも。

作り方

1 粉をまぶす

一口大に切った鶏もも肉をボウルに入れ、塩と片栗粉をまぶす。

2 焼く

フライパンを中火にかけ、サラダ油を入れる。1を入れ両面カリッとしっかり火が通るまで焼く。

3 完成

なすは水をまぶしラップをかけてレンジで5分加熱する。合わせておいたAとなすを2に入れ、ひと煮立ちしたら完成。好みで万能ねぎをちらす。

おやつにぴったり！

ミニアメリカンドッグ

だからおいしい！

ホットケーキミックスに
混ぜた片栗粉がしっと
りした衣を作ります。

材料 （10本分）

ホットケーキミックス	150g
片栗粉	小さじ1
卵	1個
牛乳	130mℓ
ウィンナー	10本
ケチャップ	適量

冷めてもおいしいから、お弁当のおかずにするのもおすすめ！　パーティーレシピとしてもgood！

作り方

1 下準備

ウィンナーは半分にカットし、切った面に爪楊枝を刺す。

2 衣をつける

卵と牛乳をホイッパーでよく混ぜたら、ホットケーキミックス、片栗粉を加え混ぜる。1を衣にくぐらせる。

3 揚げる

爪楊枝を持ち、170度に熱した油の中にそっとすべらせる。

4 完成

菜ばしで回しながら揚げる。きれいな揚げ色がついたら完成。ケチャップをつけていただく。

シチューの素なしで作れる！

みんな大好き クリームシチュー

だからおいしい！

クリーミーな口当たりを作る水溶き小麦粉がおいしさアップの要！

材料　(2〜3人分)

鶏もも肉(一口大)		1枚(200〜250g)
サラダ油		小さじ1
キャベツ(4cm大)		1/8個
にんじん(2cmの乱切り)		1/2本
A	塩	小さじ1
	コンソメ(顆粒)	小さじ1/2
	砂糖	小さじ5
	牛乳	400mℓ
B	水	大さじ2
	小麦粉	大さじ2

さらにおいしいコツ

とろみづけといえば水溶き片栗粉ですが、水溶き小麦粉の方が片栗粉よりも口溶けがいいんです！　**B**の小麦粉はだまにならないようしっかり水に溶かしてから加えましょう！　またキャベツを白菜に、肉をひき肉にするなどアレンジも楽しめます。

作り方

1 肉を焼く

鍋にサラダ油を熱し、中火で鶏もも肉にしっかり焼き色がつくまで炒める。

2 野菜を加える

キャベツと水をまぶしラップをかけてレンジで2分加熱したにんじんを加え、軽く混ぜ合わせる。

3 煮る

ボウルに**A**を合わせて②に入れ、沸騰したら弱火に落とし、材料に火が入るまで煮る。

4 仕上げ

Bを合わせて水溶き小麦粉を作る。火を止め③に回し入れ、再沸騰させて完成。

めちゃくちゃ簡単、ボリュームたっぷり！

冷凍餃子で卵スープ

だからおいしい！

鶏ガラをベースに味噌としょうゆを合わせた日本人好みのスープ！

材料 （2〜3人分）

	冷凍餃子	6個
	溶き卵	2個分
A	水	500mℓ
A	にんにく（チューブ）	小さじ1
A	しょうゆ	小さじ2
A	豆板醤	小さじ1/3
A	鶏ガラ（顆粒）	大さじ1
A	味噌	小さじ1
A	砂糖	小さじ1
A	ごま油	大さじ1

作り方

1 温める

小鍋に混ぜ合わせた**A**を入れ火にかけ温める。

2 餃子を加える

餃子を加え、さらに温める。

3 溶き卵を加える

卵を溶き、2に加え好みの卵の固さになったら火を止める。

冷めてもおいしい！おやつにも！

魚肉ピカタ

材料 （1〜2人分）

魚肉ソーセージ		2本
サラダ油		適量
A	卵	1個
	小麦粉	大さじ2
	砂糖	2つまみ
しょうゆ		適量

だからおいしい！

揚げ焼きした卵の衣にしょうゆをつけて食べると箸が止まりません。

作り方

1 衣を作る

ボウルに**A**を入れ、こしがなくなるまでホイッパーでよく混ぜる。

2 衣をつける

5ミリ幅にスライスしたソーセージを1に入れ、衣をつける。

3 焼く

2を油を引いたフライパンに入れ、揚げ焼きするように焼く。しょうゆをつけていただく。

世界で一番おいしい鮭の焼き方！

鮭のバターソテー

だからおいしい！

フライパンを傾けて焼くと、皮は余計な水分が飛んでパリッと、身はふわっと焼ける！

材料（1人分）

鮭切り身（甘口）	ひと切れ
バター	大さじ1
しめじ	1/2袋
にんにく（チューブ）	小さじ1/2
しょうゆ	小さじ1

作り方

1 焼く

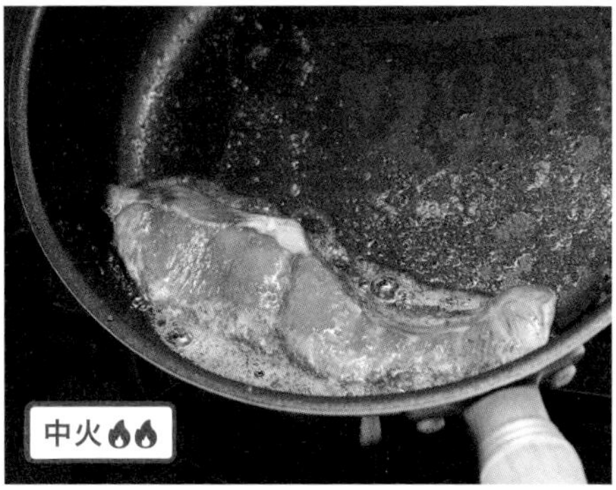

中火で熱したフライパンにバターと鮭は皮を下にして入れる。フライパンを斜めにし、ふちを使ってバターで揚げ焼きするように片面3分焼く。

2 ひっくり返して焼く

3分たったらひっくり返して、裏面を30秒焼き皿にいったん取り出す。

3 付け合わせを焼く

残ったバターでしめじを炒める。

4 味つけ

にんにくとしょうゆを回し入れ、味がまわったら完成。鮭と一緒に盛りつけていただく。

とことん手抜きしたい日に！

さば缶の梅煮

材料（1人分）

さば水煮缶（缶の汁は捨てる）	1缶
梅干し（塩分27%）	1個
しょうが（チューブ）	大さじ1
しょうゆ	大さじ1
酒	大さじ2
みりん	大さじ1
水	50㎖

だからおいしい！

さばの独特の油も梅干しでさっぱりおいしく食べられます。

作り方

1 鍋に入れる

小鍋に材料すべてを入れて火にかける。

2 完成

そのまま放置してひと煮立ちさせたら出来上がり。

体調を崩した日や疲れて何もしたくない日に。風邪をひいた家族に作ってあげてもgood！

PART3

野菜ってこんなにおいしかったんだ！

やみつき必至の野菜レシピ

野菜だけど、大人も子どもも**箸が止まらなくなる**、
Twitterでも評判のよかった野菜のレシピを集めました。
はっきり言って作り方はどれも**超かんたん**です。
そんなにあれもこれも作れないという方は
ミキサーなしで作れるドレッシングをお試しあれ！
野菜のおいしさにのけぞるはずです！

まるでパスタ!!

ほうれん草ペペロンチーノ

だからおいしい！

とにかく弱火で！　じっくり旨味スープを吸わせるからおいしい！

材料 （1人分）

ほうれん草	1袋
オリーブ油	大さじ1
バター	小さじ1
にんにく（1ミリスライス）	2片
鷹の爪（輪切り）	1本
鶏ガラ（顆粒）	小さじ1
水	大さじ2
塩	3つまみ

さらにおいしいコツ

水気のある料理すべてに言えることですが、長時間中火〜強火で作ると水分が蒸発してしまいしょっぱくなるので、弱火〜中火で作ると失敗せずおいしくなります。

作り方

1 火にかける

フライパンを弱火にかけ、オリーブ油、バター、にんにく、鷹の爪を入れ、にんにくに軽く色をつける。

2 ほうれん草を入れる

根だけ切り落としたほうれん草を1に加える。

3 焼く

火加減は弱火のまま、ほうれん草に火を入れていく。

4 仕上げ

水に鶏ガラと塩を混ぜたものを回し入れ、軽く混ぜたら完成。

かなりおいしいお店の味！

本気のミネストローネ

だからおいしい！

オレガノだけでプロの味に。おいしさが全然違います！

材料（2人分）

トマト缶（カット）	1/2缶
水	200mℓ
玉ねぎ	1/4個
キャベツ	1/8個
にんじん	1/4本
かぶ	1個
コンソメ（顆粒）	小さじ1
砂糖	小さじ1
塩	小さじ1/2
オレガノ	小さじ1/2
ケチャップ	大さじ1/2
おろしにんにく	小さじ1/4
塩	小さじ1/2

作り方

1 火にかける

野菜をすべて一口大に切る（にんじんは火が通りづらいので気持ち小さめ）。すべての材料を鍋に入れ火にかけ、沸騰するまで煮る。

2 煮込む

沸騰したら蓋をして、極弱火に落とし20分間煮込む。

3 完成

すべての具材がくったりと煮え、にんじんに火が通っていたら完成。

トロトロ熱々がたまらない！

アボカドの天ぷら

だからおいしい！

熱を加えることでアボカドの青臭さが消えトロトロに！

材料 (1〜2人分)

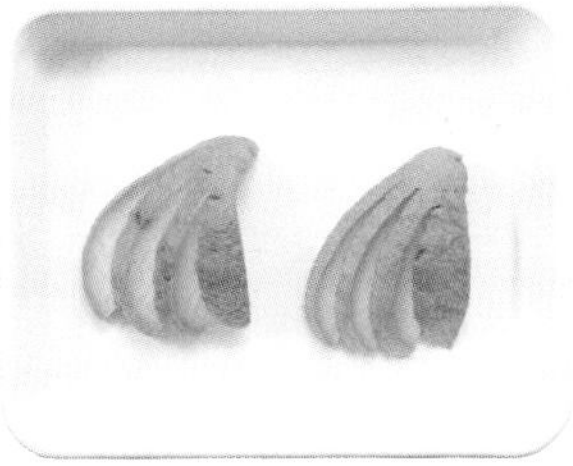

アボカド(末広切り)		1個
水溶き天ぷら衣		袋の記載通り
天ぷら粉(打ち粉用)		適量
揚げ油		適量
A	わさび(チューブ)	小さじ1/3〜好みの量
	しょうゆ	小さじ1/2
	マヨネーズ	小さじ2

作り方

1 切る

アボカドは縦半分に切り種を取り、写真のように切り込みを入れた末広切りにする。

2 打ち粉する

まな板の上に①を置き、天ぷら粉をまぶす。

3 揚げる

水で溶いた天ぷら衣に②をくぐらせ、170度に熱した揚げ油で衣が固まるまで揚げて完成。Aを混ぜたソースでいただく。

おかずにもおつまみにも最高！

ガリバタポテト

材料 （1〜2人分）

じゃがいも（男爵いも）	250〜300g
バター	大さじ1
ベーコン（細切り）	50g
サラダ油	大さじ1
にんにく（1ミリスライス）	1〜2片
オレガノ	小さじ1
ブラックペッパー	小さじ1/2
しょうゆ	大さじ1/2

だからおいしい！

メインの調味料はしょうゆだけですが、材料の焼き味がかなり効いてます。

作り方

1 レンジにかける

じゃがいもは一口大に切り、塩（分量外）と水をまぶしてラップをかけ8分レンジで加熱する。

2 焼く

フライパンを弱火にかけサラダ油を熱し、バター、にんにく、ベーコンを入れて焼く。オレガノ、ブラックペッパーを振り、1を加える。

3 味つけ

じゃがいもに焼き色がついたら、しょうゆを回し入れ軽く炒めて完成。

やる気のない日はこのレシピ!

焼き鳥缶で野菜炒め

材料 (1〜2人分)

焼き鳥缶(たれ味)	2缶
サラダ油	小さじ1
キャベツ	1/8個
もやし	1/2袋
しょうゆ	小さじ1
ごま油	小さじ1/3

だからおいしい!

焼き鳥缶なら家ではなかなか出せない炭火焼きの味を楽しめる!

作り方

1 野菜を炒める

中火にかけたフライパンでサラダ油を熱し、一口大に切ったキャベツともやしを炒める。

2 焼き鳥缶を入れる

野菜がしんなりしてきたら、フライパンの中央をあけ焼き鳥缶を汁ごと加える。

3 炒め合わせる

全体をざっくりと炒め合わせ、しょうゆとごま油を加えて完成。

時間がたってもカリカリのまま！

ごぼうの甘辛揚げ

だからおいしい！

たれとうまくからむよう揚げたごぼうはバラバラにするのがコツ。

材料（1～2人分）

	ごぼう（細切り）	100～150g
	小麦粉	大さじ5
	水	大さじ4
	揚げ油	適量
A	しょうゆ	大さじ1
A	みりん	大さじ1
A	砂糖	小さじ2
A	和風だし（顆粒）	ひとつまみ
A	白ごま	小さじ1

さらにおいしいコツ

フライパンでたれを作る際、しょうゆの水分を少し飛ばしてからごぼうを加えると、時間がたってもカリカリをキープできます。

作り方

1 衣をつける

細切りにしたごぼうは3分水につけ、アクを抜く。小麦粉、水をボウルで混ぜ合わせ、水を切ったごぼうを入れ、からめる。

2 揚げる

170度の油で揚げる。くっつかないように菜ばしで広げながら揚げる。

3 ザルにあげる

揚げ色がつき、触ってみてカリカリになっていたらザルにあげ、1本1本バラバラにしておく。

4 煮からめる

フライパンにAを入れ弱火で軽く煮詰める。3を加え崩すようにたれをからめて完成。

コンソメを使わない！

野菜の旨味たっぷりポトフ

材料 （作りやすい分量）

ウィンナー	6本
にんじん	1/2本
玉ねぎ	1/4個
キャベツ	1/4個
かぶ	1個
トマト	1個
水	500mℓ
塩	小さじ1
昆布だし（顆粒）	小さじ1
サラダ油	小さじ1

だからおいしい！

ウィンナーの焼き味と昆布だしのさっぱりした出汁がおいしいスープに。

作り方

1 ウィンナーを焼く

鍋にサラダ油を入れ中火で熱し、斜めにスライスしたウィンナーをしっかり焼き色がつくまで炒める。

2 野菜を加える

野菜はすべて一口大に切り、1に加える。水、塩、昆布だしを加えて煮る。

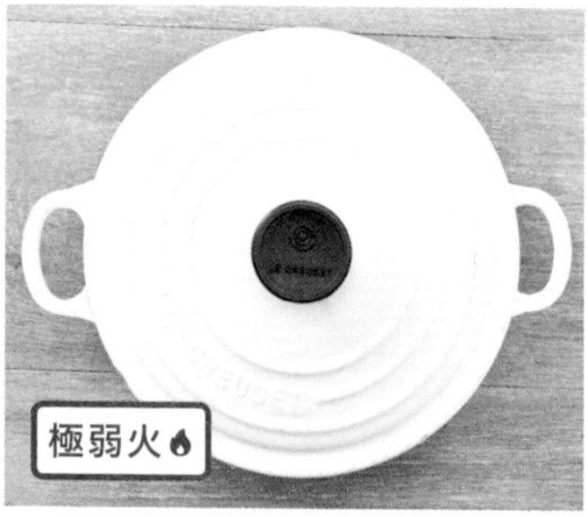

3 煮込む

沸騰したら極弱火におとし、蓋をして30分間煮込んだら完成。

さっぱりしているのにコクがある！

大葉のアジアンサラダ

材料 （1〜2人分）

きゅうり	1本
トマト	1個
スイートチリソース	大さじ1
しょうゆ	小さじ1/2
大葉（みじん切り）	2枚

だからおいしい！

市販のスイートチリソースとしょうゆの組み合わせは最高のドレッシング！

作り方

1 あえる

きゅうりとトマトを乱切りしてボウルに入れ、スイートチリソースとしょうゆを合わせたものを加える。

2 大葉をカットする

大葉にキッチンバサミですだれ状に切り込みを入れ、端から切っていくとみじん切りができる。1のボウルの上でカットする。

さらにおいしいコツ

大葉は手のひらで「パン」と叩いてからカットしましょう。繊維が壊れて香りがより強くなります。

食べたい時にいつでも作れる！

野菜だけのお好み焼き

だからおいしい！

このレシピはイカ入り天かすも重要で、キャベツとの組み合わせが最高！

材料 （2人分）

	キャベツ（千切り）	1/2個
A	お好み焼き粉	100g
A	卵	1個
A	水	160mℓ
A	マヨネーズ	小さじ2
A	昆布だし（顆粒）	大さじ1
A	天かす（イカ入り）	大さじ3
	サラダ油	大さじ2

さらにおいしいコツ

お好み焼きの生地にはマヨネーズを入れます。マヨネーズの油分で加熱も早まり、酸味が飛んでコクだけが残ります。

作り方

1 生地を混ぜる

ボウルにAを入れ、ホイッパーでよく混ぜ合わせる。千切りキャベツを加えてさっくりと混ぜる。

2 焼く

サラダ油をひいた冷たいフライパンに1を流し入れる。中火で焼き始める。ここでゴムベラでふちをきれいに整えておく。

3 落とし蓋をする

油の音が鳴り始めたら弱火にし、アルミホイルで落とし蓋をして15分放置する。

4 裏返して焼く

十字にカットして、1/4カットずつ裏返す。再度アルミホイルをかぶせ裏面を7～10分程度焼いて完成。お好みソース、マヨネーズ、かつおぶし、青のり、天かすをトッピングしていただく。

カリカリホクホク♪

かぼちゃの大学芋風

材料 （1〜2人分）

かぼちゃ（乱切り）		1/4個
揚げ油		適量
A	しょうゆ	小さじ1
	砂糖	大さじ5
	水	大さじ1
	黒ごま	小さじ2

だからおいしい！

2でかぼちゃを触りすぎると煮崩れするので注意！

作り方

1 揚げる

かぼちゃは乱切りにしてラップをかけてレンジで6分加熱する。170度の油でカリッと色づくまで揚げ、ザルにあげる。

2 煮からめる

フライパンに**A**を加え1/2ぐらいの量になるまで煮詰める。1のかぼちゃを加えて煮汁をからめる。

3 冷ます

クッキングシートに広げ、冷めたら完成。

ボウル一杯食べられちゃう！

おつまみ旨きゅう

材料 (1〜2人分)

きゅうり		2本
A	しょうゆ	小さじ2
	めんつゆ	小さじ2
	酢	小さじ1
	和風だし(顆粒)	3つまみ
	にんにく(チューブ)	ほんの少し
	白ごま	小さじ1/4

だからおいしい！

大きいきゅうりは水分がたくさん出てきて味が薄くなってしまうので注意！

作り方

1 味つけ

きゅうりは乱切りしてボウルに入れる。混ぜ合わせたAを加える。

2 菜ばしであえる

上下を返すように菜ばしであえたら完成。

ビールのお供に！ 疲れていてもパパッとできる夏の定番メニューです。

こがさずカリカリに仕上げる

自家製にんにくチップ

だからおいしい！

こげがちなので最初から最後まで極弱火でやってもOK！

材料

にんにく（1ミリスライス）	1/2房
揚げ油	300mℓ
水	1000mℓ

さらにおいしいコツ

こがさないためには油の温度が上がりすぎないようにするのが大切。まだそれほど熱くない揚げ油ににんにくを入れ、色づく前にしっかり水分を飛ばすイメージです。

作り方

1 水に漬ける

スライサーなどでにんにくを1ミリにスライスし、30分間水に漬ける。キッチンペーパーで水気をよく取る。

2 揚げる

弱火で揚げ油を熱しふつふつし始めたらにんにくを入れ極弱火に落とす。

3 ザルにあげる

ほんのり色づき始めたら、気持ち早めの段階で、すばやくザルに上げる。

4 油を切る

❸をキッチンペーパーを敷いたバットなどに並べ、よく油を切ったら完成。肉やサラダのトッピングに。残ったガーリックオイルは炒め物やパスタを作る時のオイルとして活用できる。

余った卵白のおいしい食べ方

アボマヨたまごサラダ

材料（1人分）

	卵白（水400mℓと一緒にレンジで1分半加熱）	2個分
	アボカド（ダイスカット）	1/2個
A	マヨネーズ	大さじ2
	しょうゆ	小さじ1/4
	砂糖	ひとつまみ

だからおいしい!

卵白が淡白な味なので
アボカド＋マヨネーズ
とベストマッチ!

卵白をレンジにかける時は、33ページの温泉卵のレシピを参考にしてね。

作り方

1 ボウルに入れる

水気を切って、ざく切りした卵白、アボカドをボウルに入れ、混ぜ合わせたAを加える。

2 あえる

ゴムベラで1をさっくりと混ぜ合わせたら完成。

ちょいコツ

卵黄だけ使って余ってしまった卵白は、保存袋に入れて平らにし冷凍しておきます。何か1品追加したい時におすすめのレシピ。

捨てるのが惜しくなるほど絶品！

大根の葉のふりかけ

だからおいしい！
ごま油の香りが飛ばないよう、火を止めて最後に回しかける。

材料 （作りやすい分量）

大根の葉（ざく切り）	1本分
しらす	大さじ4
かつおぶし	大さじ1
白ごま	大さじ1
しょうゆ	小さじ1/4
ごま油	小さじ1

大根の葉以外に、旬の時期のかぶの葉でもおいしく作れます！

作り方

1 煎る

油はひかず、フライパンを弱火にかけ、大根の葉としらすを入れ、水分を飛ばすように煎る。

2 かつおぶしとごまを加える

火を止めて1にかつおぶしとごまを加え、混ぜ合わせる。

3 味つけ

しょうゆとごま油を混ぜ合わせたものを回しかけ、全体になじんだら完成。

サラダが永久に食べられる

ドレッシング5種

onion dressing

万能**オニオン**ドレッシング

材料

玉ねぎ（すりおろし）	1/4個（66g）
しょうゆ	大さじ2（37g）
酢	小さじ5（25g）
砂糖	小さじ2（9g）
サラダ油	40mℓ

作り方

玉ねぎをすりおろして、材料を混ぜるだけ！

※ミキサーがある人はすべての材料をミキサーにかけて作ってももちろんOK！

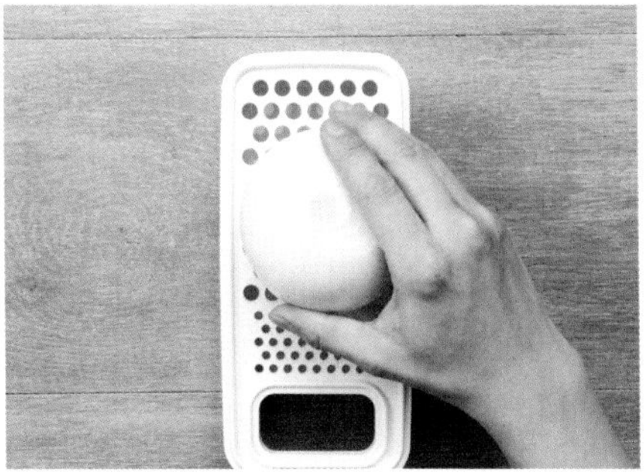

sesame dressing

ごまドレッシング

材料

カシューナッツ（すりつぶす）	10粒
白ごま（すりつぶす）	大さじ6
しょうゆ	大さじ4
酢	小さじ1
砂糖	大さじ2
マヨネーズ	大さじ4
水	大さじ4

作り方

白ごまとカシューナッツはそれぞれすり鉢ですりつぶし、他の材料と合わせてホイッパーで混ぜるだけ！

100円ショップで売っている小さめのすり鉢とすりこぎが大活躍！

ginger dressing

ジンジャードレッシング

材料

おろししょうが	大さじ2
しょうゆ	大さじ2
酢	小さじ2
はちみつ	大さじ3
サラダ油	大さじ4

作り方

材料すべてをホイッパーで混ぜるだけ！

しょうがは皮の近くが最も香りが強いので皮つきのまますりおろして。はちみつがしょうがの辛みを中和してくれるので子どもでもモリモリ食べられます！

※ドレッシングは材料をすべてミキサーにかけて作ってもOKです！

caesar dressing

シーザードレッシング

材料

おろしにんにく	1/2片
アンチョビ（すりつぶす）	4枚
牛乳	90mℓ
マヨネーズ	大さじ6
砂糖	小さじ1
中濃ソース	小さじ1
ブラックペッパー	2つまみ
粉チーズ	大さじ3

作り方

アンチョビは包丁の刃側ですりつぶし、材料すべてをホイッパーで混ぜるだけ！

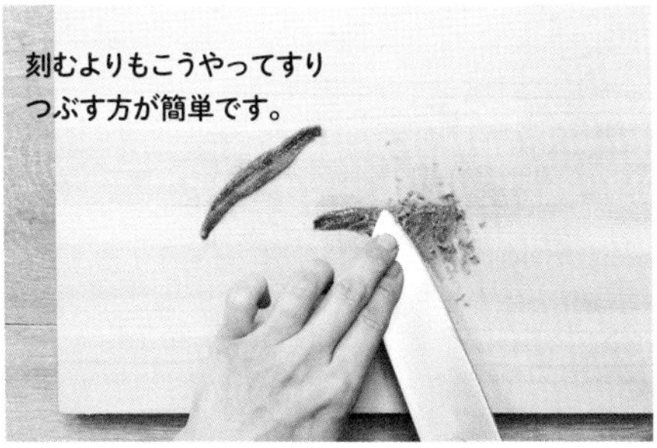
刻むよりもこうやってすり
つぶす方が簡単です。

carrot dressing

にんじんドレッシング

材料

にんじん	1/2本
玉ねぎ	1/16個
ケチャップ	大さじ3
マヨネーズ	大さじ1
塩	2つまみ
砂糖	小さじ1
水	大さじ3
サラダ油	大さじ1

作り方

にんじんと玉ねぎはすりおろし、他の材料と合わせてホイッパーで混ぜるだけ！

オリーブ油のような香りや味のある油を使うと失敗することがあるので、無味無臭の油で作るのがおすすめ。

この組み合わせ、最高すぎ！

アンチョビブロッコリー

材料（1人分）

冷凍ブロッコリー		約15個（200g）
サラダ油		大さじ2
A	アンチョビ（すりつぶす）	3枚
	にんにく（みじん切り）	小さじ1
	鷹の爪（輪切り）	1本

冷めてもおいしいので、僕は大量に作り置きしちゃいます。

だからおいしい！

冷凍ブロッコリーをレンチンして出てきた水分も加えてこげつき防止！

作り方

1 解凍する

冷凍ブロッコリーをボウルに入れ、ラップをして解凍する。

2 炒める

弱火にしたフライパンにサラダ油と**A**を加え、にんにくが色づいたら、1を溶け出した水ごと加え、中火で水分がなくなるまで炒めたら完成。

ちょいコツ

生のブロッコリーを使う場合は、にんにくがこげつかないよう、ブロッコリーを加える時に少し水を加えます。

PART4

家にあるものでだいたい作れちゃう！

定番メニューをランクアップ！麺レシピ

休日の昼間に作って食べることが多い麺レシピ。
みんなが大好きなパスタ、うどん、焼きそばなどの
いつもの定番メニューを
お店で食べるような味の本格レシピにしました。
ちょっとしたコツですが、
ぜひレシピ通りに作ってみてほしいです！

テクニックは不要！

極上ペペロンチーノ

だからおいしい！

Aの小麦粉を先にしっかり混ぜて加えるとプロのようなトロトロソースに。

材料　(1人分)

	パスタ	100g
	にんにく(みじん切り)	小さじ1
	鷹の爪(ハサミで1ミリの輪切り)	1本
	オリーブ油	大さじ2
	パセリ(みじん切り)	小さじ1
A	ゆで汁	120mℓ
	小麦粉	小さじ1/2
	塩	1〜3つまみ

さらにおいしいコツ

シンプルなパスタほど、パスタのゆで汁の塩加減が大事。目安は500mℓの水に小さじ1の塩のしょっぱさ。この塩加減を覚えておけば、どんなパスタもぐっとおいしくなります。

作り方

1 オイルに味をつける

フライパンにオリーブ油を入れ極弱火で熱し、にんにく、鷹の爪、パセリを加える。別の鍋でパスタをゆでる。

2 ソースを作る

にんにくの香りが出てきたら、しっかり混ぜておいた**A**を回し入れる。

3 とろみをつける

木べらで時々混ぜながら、とろみがつくまで煮る。

4 パスタとあえる

ゆでたパスタを**3**に入れ、ソースとからめたら完成。

みんな大好き大定番！

お店のナポリタン

だからおいしい！

ウィンナーの焼き味と、砂糖を加えたケチャップソースが旨味に！

材料　（1人分）

パスタ		100g
ウィンナー（斜めに切る）		3本
玉ねぎ（薄切り）		1/4個
サラダ油		小さじ1
A	ケチャップ	大さじ5
	砂糖	小さじ2
	バター	小さじ1
	おろしにんにく	小さじ1/3
	コンソメ（顆粒）	小さじ1/3
パプリカ（黄 タテに薄切り）		1/2個

作り方

1　炒める

サラダ油をひいたフライパンを中火にかけ、玉ねぎとウィンナーにしっかり焼き色をつける。

2　味つけ

Aを加え、1/2ぐらいの量になるまで煮詰める。

3　パスタを加える

2にゆでたパスタ、生のパプリカを加え混ぜ合わせたら完成。皿に盛りつけ、粉チーズをお好みで振って完成。

食材の旨味しみ出す！

しめじとベーコンの和風パスタ

だからおいしい!

焼いたしめじの旨味がすごい！　キノコはしっかり焼くのがポイント。

材料　(1人分)

パスタ		100g
バター		大さじ1
オリーブ油		小さじ1
しめじ		50g
ベーコン（ハーフサイズ）		4枚
A	水	100mℓ
A	めんつゆ	大さじ1
A	しょうゆ	小さじ2

作り方

1　焼く

フライパンを中火にかけバターとオリーブ油を熱し、しめじとベーコン（短冊切り）にしっかり焼き色をつける。

2　味つけ

合わせた**A**を1に加え混ぜ合わせる。

3　仕上げ

ゆでたパスタを2に加え、ざっくりと混ぜて完成。器に盛り、お好みで白ごま、きざみのり、万能ねぎをちらす。

しっかり肉の味がする

コクうま簡単ボロネーゼ

だからおいしい!

ソースは1人分を作るよりも2〜3人分など多めに作った方がおいしく、作り置きもできて便利。

材料（2〜3人分）

	フェットチーネ（1人分）	100g
	合いびき肉	200g
	バター	小さじ1
A	玉ねぎ（みじん切り）	1/2個
	おろしにんにく	大さじ1
	塩	小さじ1
	砂糖	大さじ1
	赤ワイン	200mℓ
B	野菜ジュース	200mℓ
	トマト缶（カット）	1缶（400g）

さらにおいしいコツ

作り方1でひき肉にしっかり焼き色をつけると旨味とコクが倍増。ただし焼きつく前に頻繁に触ってしまうと色がつかずただの白いパサついた肉になってしまうので注意！

作り方

1 焼く

鍋にバターとひき肉を入れ、ひき肉が色づくまでしっかりと焼く。

2 赤ワインを加える

Aをすべて加え水分が1/3になるまで煮詰める。

3 トマト缶を加える

水分が煮詰まったら**B**を加え、沸騰するまで煮る。

4 煮込む

沸騰したら極弱火にし蓋をして20分間煮込んだらソースの完成。ゆでたフェットチーネとソース適量を合わせ、お好みで粉チーズを振っていただく。

ボウルで作る

うっとりなめらか カルボナーラ

だからおいしい!

フライパンだと卵がだまになりやすい。ただしボウルで作ると冷めやすいのですぐにお皿に盛りつけて。

材料 (1人分)

	フェットチーネ	100g
A	卵(室温に戻す)	1個
A	粉チーズ	大さじ3
A	昆布だし(顆粒)	小さじ1
A	砂糖	3つまみ
A	塩	1～2つまみ

ゆで汁	大さじ2
バター	大さじ1
ブラックペッパー	好みの量

作り方

1 ボウルに入れる

フェットチーネをゆで始める。ボウルに**A**を入れ卵のこしがなくなるまでよく混ぜ合わせる。

2 さらに混ぜる

1にバターとゆで汁を加えてバターを溶かしながら、なめらかになるまでよく混ぜる。

3 仕上げ

ゆであがったフェットチーネを2に入れ、ソースとパスタをからめる。

4 盛りつけ

お玉を使ってくるくる巻き、2回にわけてお皿にのせるときれいに盛りつけられる。お好みでブラックペッパーを振っていただく。

絶対に教えたい！

便利な冷凍パスタ

パスタのこしのキープと伸びすぎるのを防ぐため、ゆでたらすぐに冷やします。パスタが食べたくなったらレンジで解凍してすぐに使えるので超便利！ 100gのパスタはゆでると約230g（2.3倍）になります。

①

表示よりも1分短くゆでたパスタをザルにあけ、氷をかませたボウルで急冷する。

②

オリーブ油を適量加え、菜ばしなどでよくあえる。

③

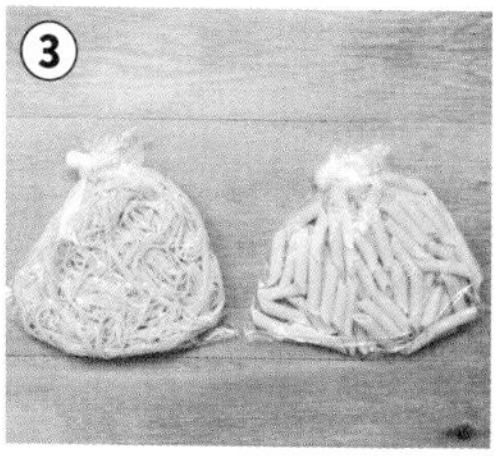

しっかり冷えたら袋に1人分ずつ小分けにし、平らにして口を閉じ、冷凍する。

お手軽パスタナンバー1！

明太クリームパスタ

材料（1人分）

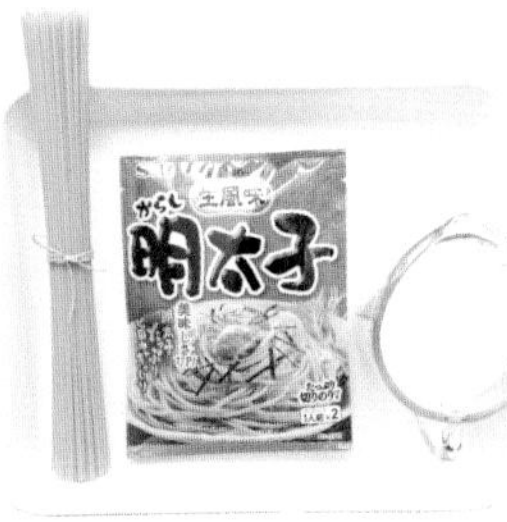

	パスタ	100g
A	辛子明太子ソース（市販品）	1袋
A	牛乳	200mℓ
A	砂糖	小さじ1
A	昆布だし（顆粒）	小さじ1
A	バター	大さじ1

コンビニの明太クリームパスタが昔から好きだったので、再現してみました。

だからおいしい！

砂糖と昆布だしで旨味とコクがさらにアップ！

作り方

1 ソースを作る

フライパンに**A**を入れ温める。

2 パスタとあえる

ゆでたパスタを1に加え、ソースとからめたらお皿に盛る。お好みできざみのりと万能ねぎをちらす。

さらにおいしいコツ

ソースを長時間加熱しすぎると、水分と香りが飛んでしまっておいしくなくなるので注意！昆布だしの代わりに昆布茶を使ってもおいしくできます。

こってりLOVERに！

ベーコンとチーズのペンネ

材料（1人分）

ペンネ		80g
ベーコン（1cmの細切り）		80g
オリーブ油		小さじ1
ブラックペッパー		小さじ1/2
A	水	50mℓ
A	砂糖	2つまみ
粉チーズ		大さじ5～好みの量
オリーブ油（仕上げ用）		小さじ2

だからおいしい！

粉チーズが決め手のレシピ。ソースの塩気は粉チーズの量で調整。

作り方

1 ソースの準備

フライパンにオリーブ油をひき、ベーコンにブラックペッパーを加えてよく炒める。**A**を加える。

2 パスタとあえる

ゆであがったペンネと粉チーズを加え、すばやくあえる。

3 仕上げ

2にオリーブ油（エクストラヴァージンオイルがおすすめ）を回し入れ、さっとあえたら完成。

ビールのお供にも！

揚げ焼きニョッキ

材料（1〜2人分）

ニョッキ	20個（250g）
サラダ油	大さじ2
ウィンナー（1本を6等分）	4本
粉チーズ	大さじ2
ブラックペッパー	小さじ1/3
塩	ひとつまみ

だからおいしい！

真空パックのニョッキはゆでずにそのまま焼いてOK！　カリカリ&もちもち食感を楽しめる。

作り方

1 焼く

サラダ油を入れたフライパンを中火で熱し、ニョッキとウィンナーを入れカリカリに焼き、焼き色をしっかりつける。

2 あえる

1をボウルに入れ、粉チーズ、ブラックペッパー、塩を加え混ぜたら完成。

ちょいコツ

このレシピで切るのはウィンナーだけ。まな板を洗いたくない時はクッキングシートを敷いた上で切ります。さらに包丁も洗いたくない時はハサミで切りましょう。

ソース＋しょうゆのダブルの旨味

コクうま焼うどん

材料 （1人分）

うどん		1袋
豚バラ肉		70〜80g
キャベツ（一口大に切る）		1/8玉
にんじん（短冊切り）		1/6本
A	めんつゆ（2倍濃縮）	大さじ2
	しょうゆ	大さじ1/2
	中濃ソース	小さじ1/2
	和風だし（顆粒）	小さじ1/2
サラダ油		小さじ1
かつおぶし・天かす（イカ入り）		適量

だからおいしい！

中濃ソースとイカ入り天かすが味にこくと深みを出しています。

作り方

1 肉と野菜を焼く

うどんはレンジで1分加熱しておく。フライパンにサラダ油を入れ中火で熱し、肉、キャベツ、にんじんを炒める。

2 うどんを加える

1にしっかり火が入ったところで、うどんを加える。

3 味つけ

ボウルにAを混ぜ合わせ2に回し入れ、さっくりと混ぜて完成。かつおぶしと天かすをちらしていただく。

ごぼうから出るおだしが美味！

じんわりうまい肉うどん

材料　(1人分)

うどん		1袋
長ねぎ（斜め切り）		1/2本
ごぼう（薄切り）		1/8本
豚バラ肉（一口サイズ）		80g
すりおろししょうが		小さじ1/2
A	しょうゆ	小さじ2
	和風だし（顆粒）	小さじ1
	昆布だし（顆粒）	小さじ1
	水	250mℓ

だからおいしい！

しょうがが入っていてさっぱりとした味つけなので、風邪を引いた時にも最適！

作り方

1 焼く

薄切りしたごぼうは3分水にさらす。鍋に長ねぎ、ごぼう、豚肉を入れ中火で焼き色がつくまで焼く。

2 うどんと汁を加える

レンジで1分加熱したうどんとAを1に加え、ひと煮立ちしたら完成。

ごぼうの切り方はP9を参考にして、やってみてね！

パパッとできて専門店の味！

こってり焼きそば

材料　（1人分）

中華麺（焼きそば麺）		1袋（150g）
豚バラ肉		70～80g
キャベツ		1/8個
サラダ油		小さじ1
A	お好みソース	大さじ4
	オイスターソース	小さじ1
	ケチャップ	大さじ1/2
	おろしにんにく	小さじ1/4

だからおいしい！

中濃ソースじゃなくてお好みソースで作ってほしい!!

作り方

1　肉と野菜を焼く

フライパンにサラダ油を入れ中火で熱し、食べやすい大きさに切ったキャベツと豚肉を炒める。

2　麺を入れる

麺は袋のままレンジで2分加熱し、1に加える。

3　味つけ

麺が軽くほぐれたら、合わせておいたAを加え、全体に味をなじませたら完成。

意外に女性人気が高い

インスタント麺で油そば

材料 （1人分）

インスタント袋麺（しょうゆ味）		1袋
A	付属のスープの粉	1/3袋
	ごま油	小さじ1
	おろしにんにく	小さじ1/4
	砂糖	ひとつまみ
	ゆで汁	大さじ3
卵黄		1個
万能ねぎ		好みの量
かつおぶし		好みの量
きざみのり		好みの量

だからおいしい！

スープを早い段階で作ってしまうと冷めすぎてしまうので、麺がゆであがるギリギリで作るのがコツ！

作り方

1 スープを作る

丼にAを入れ、よく混ぜておく。

2 麺を入れる

ゆであがった麺を1に入れからめる。卵黄、万能ねぎ、かつおぶし、きざみのりをトッピングしたら完成。

ちょいコツ

余ったスープの粉は好きな中華麺を買ってきて同じように作れば使い切れます。

PART5

ひと手間加えて、安定したおいしさ！

またすぐ食べたくなる ごはん&パンレシピ

みんなが大好きな主食、ごはんとパンのレシピ。
例えばPart1で登場したパラパラチャーハンの
テクニックを使ってアレンジした**3種類の炒め飯。**
パンのレシピもトーストしたり、ジャムを塗ったり、
具材を挟んだりするだけじゃない、簡単なひと手間を
加えて、ちょっとリッチな朝食になるレシピたちです！

どんなお米でもおいしくなる！

おいしいごはんの炊き方

作り方

1 ボウルに水をためる

炊飯器で炊く分の米はザルに入れ、ボウルに水をたっぷりためる。

2 ボウルにザルを入れる

水を流したまま、米の入ったザルをボウルに入れる。

3 すぐに水を捨てる

ザルをボウルに入れたらすぐ（1〜2秒で）取り出し、ボウルの水を捨てる。これを5回繰り返す。

4 米を洗う

水がある程度透明になるまで、ゴシゴシ摩擦を加えず指先で回して泳がすように米を洗う。

5 氷を入れて炊く

米を炊飯器に移して氷を入れ、次に水を炊飯器の目盛りまで入れる。炊飯器のスイッチを入れる。

6 すぐに混ぜる

炊きあがったらすぐにしゃもじで混ぜ、余計な水分を飛ばす。

知って得する！

冷凍ごはんのラップの仕方

ごはんを冷凍する時は真ん中に穴をあけて、できるだけ薄くラップをすると解凍が超早くなります。炊いたごはん100g＝約160mℓ（4/5カップ）なので、はかりがない人は参考にしてください。

最初に米に研ぎ汁を吸わせてしまうと臭くなるので、2と3の5回のくり返しはできるだけすばやく！その後は、米にストレスを与えないよう指先でやさしく洗おう！

ナンにもごはんにもしっくりくる!

バターチキンカレー

だからおいしい!

すりおろした野菜の旨味が溶け出して美味。友人のインド人にも「最高!」と言われた自信作!

材料 (3～4人分)

鶏もも肉(2cm大にカット)	100g
サラダ油	小さじ1

A	バター	大さじ3
	にんじん(すりおろし)	1/2本
	玉ねぎ(すりおろし)	1/4個
	すりおろししょうが	大さじ2
	塩	小さじ1/2
	トマト缶	1/2缶(200g)
B	カレー粉	小さじ2
	ケチャップ	小さじ2
	砂糖	小さじ2
	水	150mℓ

さらにおいしいコツ

トマト缶をザルでこしながら加えると、口当たりがなめらかになり、トマトの酸味が抑えられ、より深みのある味に仕上がります。

作り方

1 肉を焼く

鍋にサラダ油を熱し中火で鶏もも肉にしっかり焼き色がつくまで焼く。

2 野菜を加える

1に**A**を加え、沸騰するまでよく炒める。トマト缶をザルとゴムベラを使って濾しながら入れる。

3 味つけ

2をしっかり炒めたら**B**を加え、沸騰するまで混ぜる。

4 煮る

3が沸騰したら極弱火に落とし、蓋をせずに20分間煮込んだら完成。

シャキシャキ食感がたまらない!

レタスチャーハン

材料 (1人分)

長ねぎ(斜め切り)		1/2本
サラダ油		小さじ2
卵		1個
チャーハン用ごはん ごはん200g分→作り方はP19参照		
A	甜麺醤	小さじ1
	しょうゆ	小さじ2
	中華だし(顆粒)	小さじ1
	おろしにんにく	小さじ2
	ブラックペッパー	小さじ1/4
カニカマ(1本を5等分)		3本
レタス		3枚

だからおいしい!

ごはんがパラつき始めたところで調味料を入れると失敗しない!

作り方

1 炒める

フライパンにサラダ油を入れ中火で熱し、長ねぎに焼き色がつくまで炒めたら、溶き卵とホイッパーでよく混ぜたチャーハン用ごはんを入れ炒める。

2 味つけ

1のごはんがパラつき始めたら、混ぜ合わせたAを加え味を全体になじませる。

3 仕上げ

2にカニカマと一口大にちぎったレタスを入れさっと炒めたら完成。

ひき肉にキムチがからんで最高！

キムチチャーハン

だからおいしい！
キムチは食感をしっかり楽しむために後のせすると実は美味！

材料 （1人分）

合いびき肉		50g
卵		1個
チャーハン用ごはん ごはん200g分→作り方はP19参照		
A	豆板醤	小さじ1
A	コチュジャン	小さじ1
A	おろしにんにく	大さじ1
A	しょうゆ	小さじ1
キムチ		50g
ごま油		小さじ1
キムチ（飾り用）		好みの量

作り方

1 肉を炒める

フライパンを中火にかけ、ひき肉を炒める。

2 ごはんを加え味つけ

1に溶き卵とチャーハン用ごはんを加え炒める。ごはんがパラパラになったらAを加え全体になじませる。

3 仕上げ

2にキムチを入れ、仕上げにごま油を回しかけざっくりと混ぜ合わせて完成。皿に盛り、飾り用のキムチをのせて完成。

がっつり大満足！

ビーフペッパーチャーハン

材料（1人分）

牛薄切り肉		100g
バター		小さじ2
A	ごはん	200g
	コーン（缶詰）	大さじ2
	ブラックペッパー	小さじ1/2
	おろしにんにく	小さじ1
しょうゆ		小さじ2

だからおいしい！

味つけはシンプルにバター、しょうゆだけ。肉の「焼き味」が旨味増加の鍵！

作り方

1 肉を焼く

フライパンを熱してバターを入れ、肉にしっかり焼き色をつける。

2 ごはんを加える

1にAを入れ、ごはんのだまがなくなるまで炒める。

3 味つけ

2にしょうゆを回し入れ、さっと炒めたら完成。

どこを食べてもおいしい！

混ぜ焼きおにぎり

材料　（2個分）

ごはん		150g
A	めんつゆ	小さじ2
A	しょうゆ	小さじ2
A	砂糖	小さじ1/2
A	バター	小さじ1
A	かつおぶし	大さじ3

だからおいしい！

バターの脂でくずれやすいのでギュッと強めに成形しよう！

作り方

1　味つけ

ボウルにごはんとAを入れ、しゃもじでよく混ぜる。

2　成形する

ラップ2枚にそれぞれ1を2等分してのせ、ラップごと三角形に握る。

3　焼く

油をひいていないフライパンを強火で熱し、ラップを外した2を入れ両面に焼き色がつくまで焼いたら完成。

超お手軽な丼物！

焼き鳥缶で親子丼

材料 （1人分）

焼き鳥缶	1缶
玉ねぎ（薄切り）	1/2個
サラダ油	小さじ1
めんつゆ	大さじ2
水	大さじ2
溶き卵	1個分
ごはん	好みの量

だからおいしい！

最後に入れる溶き卵は溶きすぎず、火を止め予熱で半熟にするのがおいしくなるコツ！

作り方

1 玉ねぎを炒める

小さめのフライパンにサラダ油を入れて中火で熱し、玉ねぎに写真のような透明感が出るまで炒める。

2 煮る

1に焼き鳥缶、めんつゆ、水を入れ沸騰するまで煮る。

3 溶き卵を加える

沸騰したら2に溶き卵を回し入れ、蓋をして火を止め2～3分放置したら完成。

多分、日本一おいしい

マグロのポキ丼

材料 （1～2人分）

マグロ（ダイスカット）		80～100g
アボカド（ダイスカット）		1/2個
A	ごま油	小さじ2
	しょうゆ	大さじ1
	レモン汁	小さじ1/2
	昆布だし（顆粒）	小さじ1/2
	わさび（チューブ）	好みの量
白ごま		小さじ1/2
大葉（ハサミでみじん切り）		2枚
ごはん		好みの量

だからおいしい！

サーモンやあぶりホタテで作ってもおいしい。タレはサラダにも使えて作り置きもおすすめ！

作り方

1 調味料を合わせる

ボウルにAを入れ、スプーンなどでよく混ぜ合わせる。

2 具材と混ぜる

1にダイスカットしたマグロとアボカドを入れ、さっくりと混ぜ合わせる。ごはんにのせ、白ごま、大葉をちらす。

おいしいアボカドの選び方

①皮が全体的に黒っぽい
②つやがある
③触るとやわらかすぎずほんのり弾力がある

他にも色々な目利きの方法がありますが、僕はこれで選んでいます。

卵黄のっけてめしあがれ！

ポロポロそぼろ丼

材料 （1〜2人分）

鶏ももひき肉		150g
A	しょうゆ	小さじ1
	みりん	大さじ1
	砂糖	小さじ1
	和風だし（顆粒）	小さじ1/3
	おろししょうが	小さじ1/3
	水	大さじ5
卵黄		1個
白ごま		好みの量
ごはん		好みの量

だからおいしい！

火をつけずにひき肉と調味料を加え、その後は弱火をキープがふっくらそぼろのコツ！

作り方

1 フライパンに投入

冷たいフライパンに鶏肉と**A**を入れる。

2 弱火にかける

1を弱火にかけ、ホイッパーでたたくように混ぜながら加熱していく。

3 よく混ぜる

鶏肉に火が入りポロポロになるまで、ホイッパーで混ぜ続ける。器にごはんを盛り、そぼろ、卵黄、白ごま、あれば万能ねぎ（分量外）をのせていただく。

スパイシーでくせになる

アメリカンジャンバラヤ

だからおいしい!

カレー粉をきかせたケチャップライス。ミニトマトは最後に入れて崩れないように。

材料 （1人分）

ウィンナー（1本輪切り8等分）		3本
サラダ油		小さじ1
A	ケチャップ	大さじ3
	カレー粉	小さじ1/4
	オレガノ	小さじ1/2
	塩	小さじ1/6
	おろしにんにく	小さじ1/2
	ブラックペッパー	小さじ1/4
ごはん		200g
ピーマン（細切り）		2個
ミニトマト（8等分）		5個

作り方

1 ウィンナーに味をつける

フライパンにサラダ油を入れて中火で熱し、ウィンナーに焼き色をつけ、**A**を加え混ぜる。

2 ごはんを加える

ウィンナーに味がついたら、ごはんとピーマンを加え混ぜ合わせる。

3 ミニトマトを加える

2のごはんに均等に色がついたら、ミニトマトを加えさっと混ぜて完成。

お家で高級ホテルの味を再現

ホテル風欧風カレー

材料（5〜6人分）

牛肉		300g
サラダ油		大さじ3
A	玉ねぎ（くし切り）	2個
	おろしにんにく	大さじ3
	おろししょうが	大さじ1
	赤ワイン	300mℓ
B	中濃ソース	大さじ1
	カレー粉	大さじ2
	ケチャップ	大さじ2
	砂糖	小さじ1
	バター	大さじ1
	カレールー（甘口）	115g
にんじん（一口大に切る）		1本
水		600mℓ

だからおいしい！

牛肉と玉ねぎを赤ワインで煮詰めるだけで、市販のカレールーが大変身！

作り方

1 肉を焼いて煮詰める

鍋にサラダ油を入れて強火で牛肉にしっかり焼き色をつける。**A**を加えたら中火に落とし、半分になるまで煮詰める。

2 10分煮込む

1に**B**とにんじん（水をまぶしてレンジで6分加熱したもの）、水を入れ沸騰するまでへらで混ぜる。沸騰したら蓋をして極弱火で10分煮込む。

ほんとに放り込むだけ！

炊き込み蒲焼きごはん

だからおいしい!

蒲焼き缶の味にしょうがをきかせた調味料を加えて、より深みのある風味に。

材料 (2〜3人分)

さんま蒲焼き缶		1缶
にんじん（いちょう切り）		1/4本
ごぼう（薄切り）		1/4本
A	めんつゆ	大さじ3
	しょうゆ	小さじ2
	砂糖	小さじ1/2
	おろししょうが	小さじ2
米		2合

作り方

1 炊飯器に入れる

洗ったにんじんとごぼうは皮つきのまま切る。お米を洗って炊飯器に入れ分量の水を入れる。にんじん、ごぼう、蒲焼き缶とその汁を加える。

2 味つけ

Aを混ぜ合わせ、1に回し入れて炊飯する。

3 完成

炊飯が完了したら、蓋をあけしゃもじで上下をさっくり返して完成。

お家でピクニック気分！

イングリッシュマフィンバーガー

材料　（1人分）

イングリッシュマフィン		1個
バター		大さじ1
A	マヨネーズ	小さじ1/2
A	ケチャップ	大さじ2
ベーコン		1〜2枚
目玉焼き※		1個
トマト（薄切り）		1枚
レタス（緑の葉の部分）		1/2枚

※目玉焼きの作り方はP31参照

だからおいしい！

パン類はフライパンで焼くことで、余分に水分が飛ばずカリッと焼ける！

作り方

1 マフィンを焼く

バターを溶かしたフライパンで横半分にしたマフィンを片面だけ焼く。

2 ソースを塗る

マフィンにAのソースをお好みで塗る（2枚とも）。

3 はさんで爪楊枝でとめる

焼いたベーコン、目玉焼き、トマト、レタスの順番で重ねたらマフィンをのせ、爪楊枝を刺してとめて完成。

休日の朝食にぴったり！

マルゲリータ風ピザトースト

材料 （1人分）

ベーコン（細切り）		10～20g
A	トマト（8等分）	1/2個
	ケチャップ	小さじ1
	オレガノ	小さじ1/4
モッツァレラチーズ		10～20g
バジル		2枚
食パン（6枚切り）		1枚

食パンだけじゃなくハンバーグやパスタのソースとしても使えるよ！

だからおいしい！

作り方②でトマトをあまり触らず、加熱時間も短めにして、トマトのフレッシュ感を残してもおいしい。

作り方

1 ベーコンとトマトを焼く

フライパンを中火で熱しベーコンに焼き色をつけ、**A**を加える。

2 ピザソースの完成

火加減に注意しながら、トマトが煮崩れるまで煮る。

3 チーズとバジルをのせる

食パンに②のソースを塗り、チーズとバジルを手でちぎってソースの上にのせ、トースターで焼き色がつくまで焼いたら完成。

やる気のない朝や夜食にぴったり！

チーズオレガノマフィン

材料 （1人分）

イングリッシュマフィン	1/2個
バター	小さじ1
塩	ひとつまみ
スライスチーズ	1枚
オレガノ	2つまみ

だからおいしい！

チーズとオレガノが相性よすぎて、オレガノが手放せなくなる1品！　チーズは好きなものでOK。

作り方

1 マフィンを温める

トースターで軽くマフィンを温める。

2 バターを塗る

マフィンが温かいうちにバターを塗り、塩を振る。

3 トッピング

2にチーズ、オレガノをのせ、トースターで色づくまで焼いて完成。

パイナップルとチーズは相性バツグン！

パイナップルトースト

材料 （1人分）

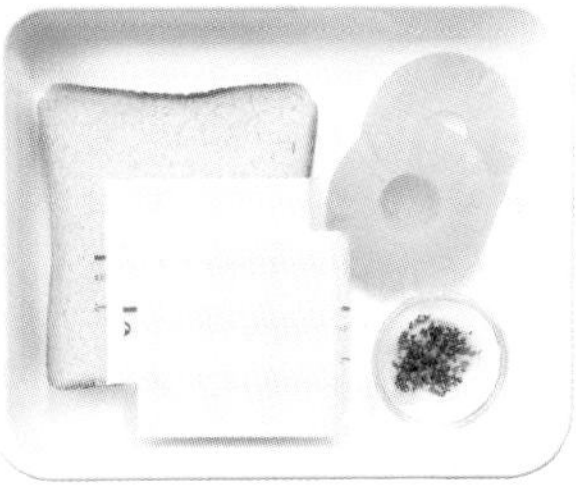

パイナップル（缶詰）	2個
スライスチーズ	2枚
食パン（6枚切り）	1枚
サラダ油	小さじ1
パセリ（みじん切り）	好みの量

だからおいしい！

パイナップルとチーズは実は相性抜群！　酢豚のパイナップルが苦手な人もリピート必至。

作り方

1　チーズをのせる

食パンにチーズ2枚を重ねてのせ、チーズが溶けるまでトーストする。

2　パイナップルを焼く

1を焼いている間にサラダ油をひいたフライパンでパイナップルの両面が軽く色づくまで焼く。

3　完成

1に焼いた2を2個のせ、お好みでパセリをちらしたら完成。

バター不使用だからヘルシー！

簡単ガーリックトースト

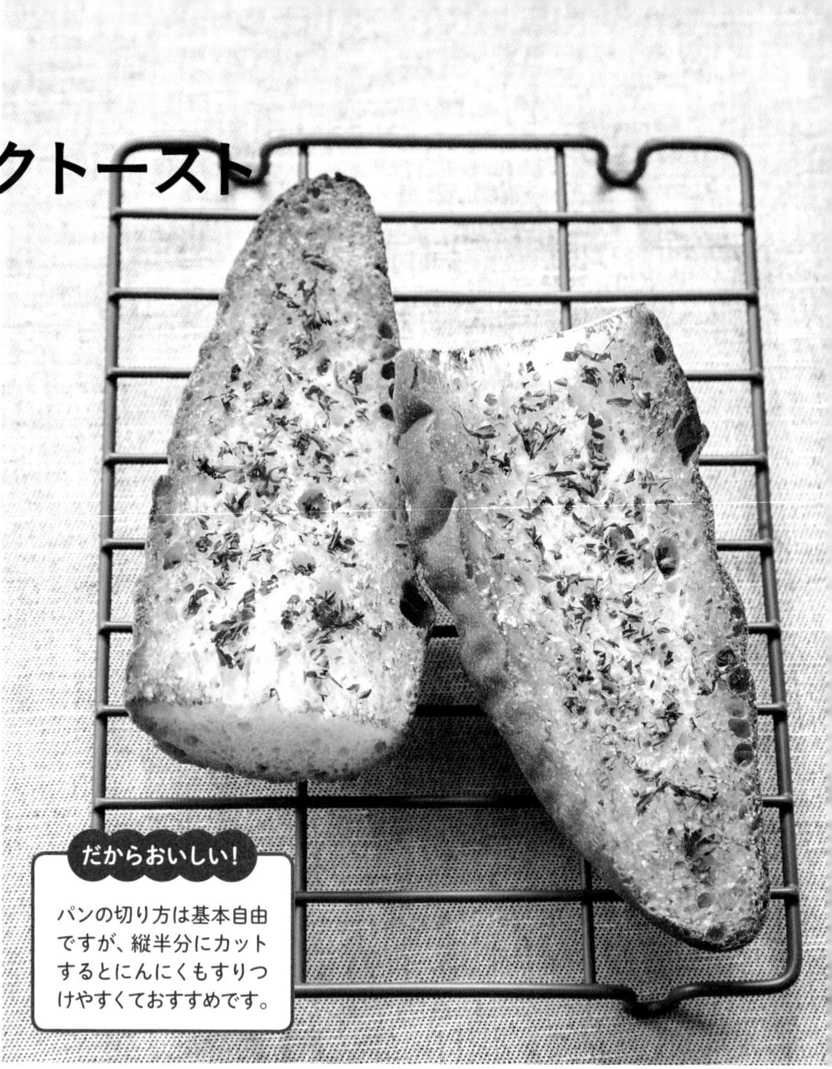

だからおいしい！

パンの切り方は基本自由ですが、縦半分にカットするとにんにくもすりつけやすくておすすめです。

材料（1人分）

フランスパン	1/3本
にんにく	1片
オレガノ	2つまみ
塩	2つまみ
パセリ（みじん切り）	好みの量

作り方

1　にんにくをすりつける

フランスパンは縦半分にカットする。にんにくを半分に切り、パンの断面にすりつける。

2　味つけ

1にオレガノと塩を振りかけ、トースターで色づくまで焼いたらパセリをちらして完成。

ちょいコツ

フランスパン以外にも食パンで作ったり、ブラックペッパー、とうがらし、粉チーズを振りかけてもおいしいです。ヘルシーなんて関係ない！って方はにんにくの後にバターを塗ってもOK！

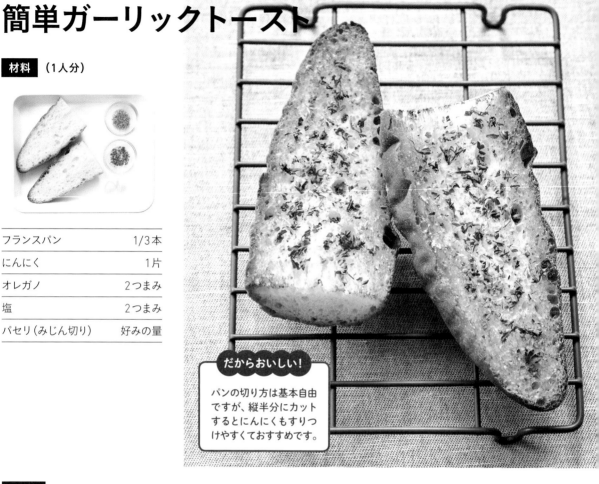

PART6

簡単だけど味は絶品！

オーブンは使わない！デザートレシピ

デザートは作るのが難しいイメージがありますが、
すべて簡単なレシピをまとめました。
オーブンを使わず気軽に作れるので、
この本のレシピが普段は甘いものを作らない人が、
作ってみようと思うきっかけになればうれしいです！
家にあるもので今すぐ作れるレシピも多いので、一人暮らしの方にもぴったり！

口溶けなめらか～

本格生チョコレート

だからおいしい!

甘味は砂糖ではなくはちみつで。しっとり上品な甘さに。

材料 （2〜3人分）

板チョコ		100g
A	生クリーム	大さじ3
	バター（無塩）	大さじ1
	はちみつ	小さじ1
ココアパウダー		適量

チョコレートに高さがほしい場合は小さめのバット（10×15cm以下）で作るのがいいですよ！

作り方

1 チョコをきざむ

包丁の刃全体を使って、板チョコを細かくきざむ。

2 チョコを溶かす

小鍋に**A**を入れ、極弱火で沸騰寸前まで温めたら火を止める。1を加えゴムベラで全体がしっかりなじむまで混ぜる。

3 バットに流す

バットにクッキングシートを敷き、2を流し入れ表面をなめらかにする。冷凍庫で1時間冷やす。

4 完成

ナイフでカットした3をココアパウダーをひいたバットの上にのせ、ココアパウダーを振りかけたら完成。

混ぜてチンするだけ！

レンチンココアプリン

材料（1人分）

卵	1個
砂糖	大さじ1
牛乳	100mℓ
ココアパウダー	大さじ2

だからおいしい！

買うより安い上にミルクティー、抹茶、ほうじ茶など自分の好きなパウダーでも同じように作れる！

作り方

1 生地を混ぜる

卵、砂糖、牛乳、ココアパウダーをボウルに入れ、ホイッパーで卵のこしがなくなるまでよく混ぜる。

2 濾す

1を茶こしで濾しながら耐熱のマグカップに、7分目くらいまで注ぎ入れる。

3 レンチン

レンジで2分加熱し、粗熱がとれたら冷蔵庫で2時間冷やして完成。

飲むと口の中でショートケーキが完成！

飲む苺のショートケーキ

材料 （1杯分）

バウムクーヘン	5～6cm幅1カット
冷凍イチゴ	大さじ3（60g）
牛乳	200mℓ
練乳	大さじ2～好みの量

だからおいしい！

長いスプーンかタピオカ用ストローで飲んで！　イチゴが旬の時期は生のイチゴをたっぷり使おう！

作り方

1 イチゴをクラッシュする

イチゴは保存袋などに入れ、両手で細かくくだく。

2 バウムクーヘンを細かくする

バウムクーヘンも保存袋に入れるか手袋をして、細かくしておく。

3 混ぜて盛りつける

牛乳と練乳をホイッパーでよく混ぜる。グラスにイチゴ→バウムクーヘン→3の順に注いだら完成。

びっくり！　炊飯器でできちゃった！

大好評！
とろふわチーズケーキ

だからおいしい！

切り分けたらラップをせずにレンジで20～30秒温めると、トロットロの食感に。

材料（6食分）

A	マスカルポーネチーズ	250g
	生クリーム	200mℓ
	レモン汁	小さじ1/2
B	薄力粉	小さじ2
	卵白	1個分
	卵黄	2個分
	砂糖	大さじ5
バター（無塩・塗る用）		適量

さらにおいしいコツ

炊飯器の内側に塗ったバターが冷えて固まってしまうと、うまく取り出せないことも。そういう時は、フライパンで軽く湯煎しバターを溶かすとするっとはがれます。

作り方

1 生地を作る

別々のボウルに**A**と**B**を入れ、それぞれよく混ぜる。**B**は卵のこしと粉のだまがなくなるまでしっかり混ぜる。

2 生地を合わせる

混ぜた**A**のボウルに**B**を入れ、よく混ぜ合わせる。

3 炊飯器にバターを塗る

炊飯器の内側にバターをごく薄く塗りつける。2を流し入れ炊飯スイッチを押す。

4 ひっくり返す

炊飯が終わったら内釜を出して2時間冷蔵庫で冷やす。冷えたら、クッキングシートの上にひっくり返す（うまくはがれない場合は、上のさらにおいしいコツを参照）。

ちょっとリッチなお菓子パン！

マシュマロクッキートースト

だからおいしい！

固い、やわらかい、口の中でいろんな食感が混ざり合って美味！

材料　（1人分）

クリームサンドクッキー	2個
マシュマロ	3個
板チョコ	好みの量
食パン（6枚切り）	1枚

作り方

1 クッキーをくだいてのせる

食パンの上でクッキーを手で適当にくだき、ちらす。

2 具材をのせ焼く

1の上に、ちぎったマシュマロ→手でくだいたチョコレートの順でのせ、マシュマロが色づくまでトースターで焼いたら完成。

口に入れた瞬間、溶けてなくなる……

とろとろミルクプリン

材料（2〜3人分）

牛乳	250mℓ
ゼラチン 粉なら小さじ1、板なら3g	
卵	1個
砂糖	50g
生クリーム	50mℓ

だからおいしい！

ギリギリ形を保てるやわらかさとなめらかな食感が楽しめる1品！

作り方

1 液を混ぜる

ボウルに卵、砂糖、生クリームを入れホイッパーでこしがなくなるまでよく混ぜる。

2 液を合わせる

小鍋に牛乳と水で戻したゼラチンを入れ、底がこげないようヘラで混ぜ続ける。沸騰寸前で火を止め1を流し入れ、すばやくホイッパーで混ぜる。

3 器に注ぐ

2を茶こしで濾しながら、器に注ぎ入れる。冷蔵庫で2時間冷やし固めたら完成。

見た目裏切る簡単デザート

絶品！
甘栗モンブラン

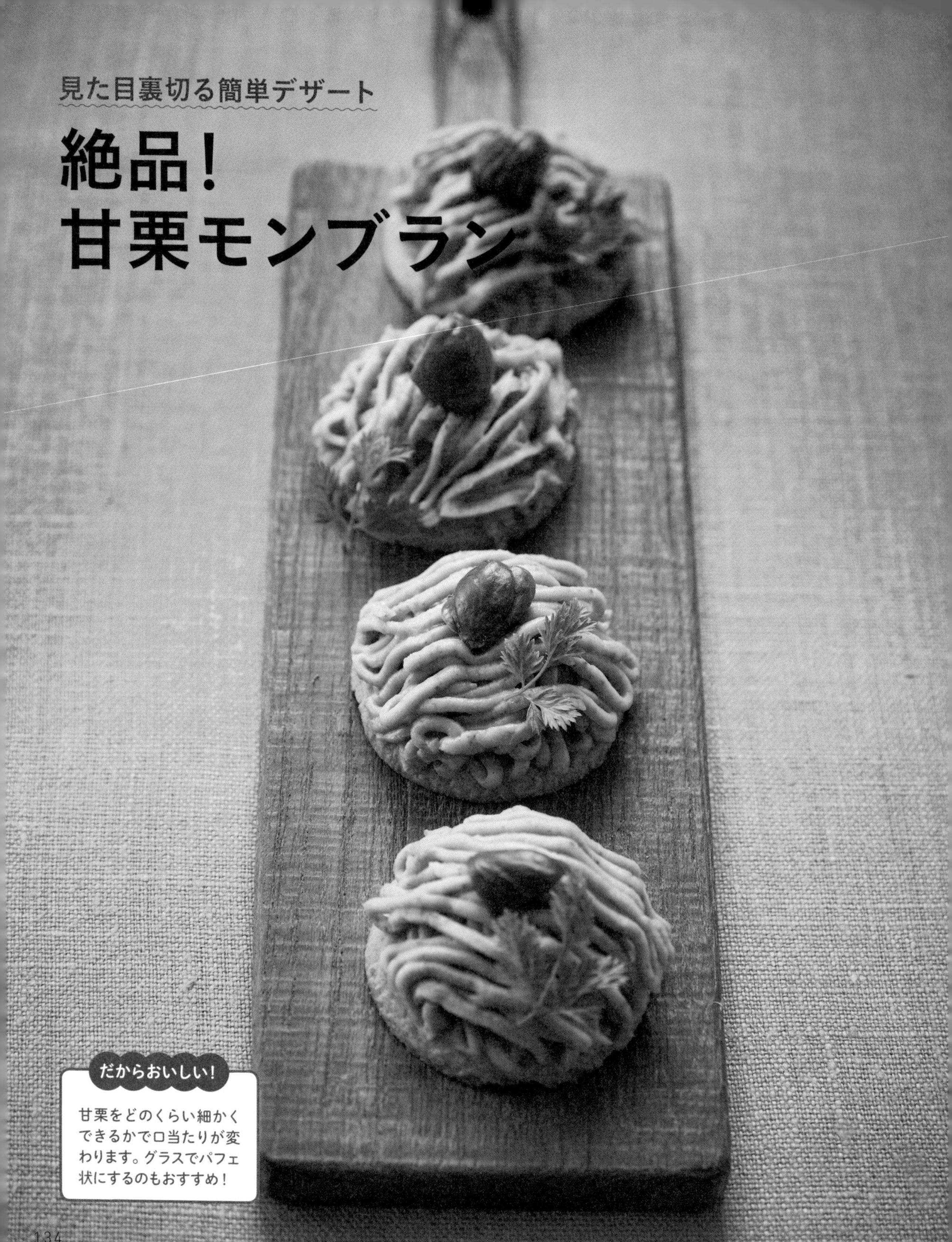

だからおいしい！

甘栗をどのくらい細かくできるかで口当たりが変わります。グラスでパフェ状にするのもおすすめ！

材料　（ビスケット13枚分）

甘栗		100g
A	牛乳	60mℓ
A	砂糖	小さじ2
A	はちみつ	小さじ1
ビスケット		13枚
ホイップクリーム（市販品）		適量
甘栗（飾り用）		適量

※ペーストをミキサーで作る場合は牛乳を少し足す

さらにおいしいコツ

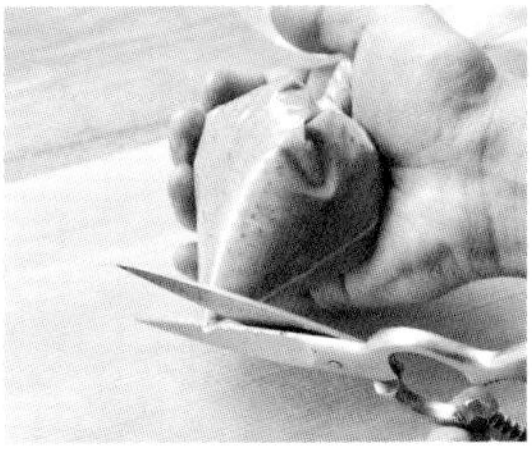

ペーストをフリーザーバッグの端に寄せ、袋をひねってから先端を切ると絞りやすい！　甘栗の粒が大きくて絞り出せない場合は、目の細かいザルなどで濾しましょう。

作り方

1 甘栗を細かくする

甘栗は耐熱皿に入れ少し水をかけたらラップをして、レンジで2分温める。ボウルに移し、温かいうちに手で細かくポロポロになるまで崩す。

2 ペーストの完成

ボウルに**A**を入れホイッパーでよく混ぜる。1に流し入れ、なめらかになるまでよく混ぜペースト状にする。

3 冷蔵庫で冷やす

2をフリーザーバッグに入れる。平らにし袋の角にペーストを寄せる。冷蔵庫で15分ほど冷やす。

4 ペーストを絞り出す

クッキーの上にホイップクリームを絞る。3の袋の角をハサミで小さくカットし、クリームの上に細く絞り出す。飾り用の甘栗をのせる。

生感たっぷり！

すりおろしリンゴゼリー

材料（2人分）

りんご（すりおろす）	1個
こんにゃくゼリー（りんご味）	3個

だからおいしい！

ゼラチンではなくこんにゃくゼリーで作るのでむちっとした食感に！リンゴの大量消費にも。

作り方

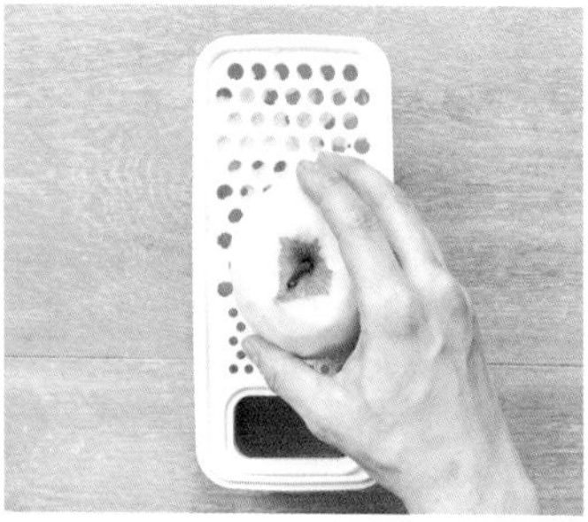

1 すりおろす

りんごは皮と芯を取り除き、すりおろし器ですりおろす。

2 ゼリーを溶かす

1を汁ごと小鍋に入れる。ゼリーを加え、溶けるまで弱火にかける。

3 型に入れる

ゼリーが溶けたら2をスプーンで型に入れる。冷蔵庫で2時間冷やして完成。

アメリカの定番デザート！

アップルコブラー

だからおいしい！

アップルコブラーは本来熱々のりんごで食べるデザート。冷やさず食べてもおいしい！

材料 （2〜3人分）

りんご（12等分）		1個
バター（無塩）		大さじ1
A	砂糖	小さじ1
	レモン汁	小さじ1/2
アイスクリーム		適量
ビスケット		適量

作り方

1 りんごを焼いて冷やす

バターをひいたフライパンでりんごに焼き色をつける。**A**を加え水分がなくなるまで炒める。冷蔵庫で1時間冷やす。

2 ビスケットを入れる

写真のスキレットや器に1のりんご5〜6個を並べ、くだいたビスケットをのせる。

3 アイスクリームを飾る

スプーンでアイスクリームを2にのせて完成。

ザクザク食感がくせになる！

クランチチョコバー

材料（3〜4人分）

板チョコ（ビター）	50g
バター（無塩）	大さじ2
マシュマロ	8個（27g）
シリアル（チョコレート）	300mℓ（60g）

だからおいしい！

3のようにゴムベラでギュッとおさえつけて表面を整えてから冷やす。中もすき間があると崩れやすいので注意。

作り方

1 下準備

板チョコは包丁で細かくカットする。小鍋にバターとマシュマロを入れ、溶けたら火を止める。きざんだ板チョコを入れる。

2 シリアルを加える

チョコレートが溶けたら、シリアルを加えざっくりと混ぜ合わせる。

3 バットに流す

バットにクッキングシートを敷き、2をゴムベラで流し入れる。冷蔵庫で30分間冷やし、好きなサイズにカットして完成。

冷やして削るだけ！

ホワイトミルクシャーベット

だからおいしい！

フォークで削ることで空気を含んで香りが立ち、口溶けがよくなる！

材料　（2人分）

牛乳	100mℓ
カルピス（希釈用）	50mℓ
レモン汁	小さじ2

作り方

1　ボウルで合わせる

ボウルに牛乳、カルピス、レモン汁を入れホイッパーで混ぜ合わせる。

2　バットに流し入れる

1をバットに流し入れる。冷凍庫で2時間冷やす。

3　フォークで削る

フォークを使ってガリガリ削りシャーベット状にする。器に盛りつけたら完成。

ミキサーなしで簡単おいしい

クッキーバナナミルク

だからおいしい！

クリームは口に残りやすいので鍋で溶かすのがポイント！

材料　（1杯分）

	バナナ	1/4本
	牛乳	150mℓ
A	生クリーム	10mℓ
A	板チョコ（ミルク）	10g
A	砂糖	小さじ2
	クリームサンドクッキー	2個

甘さをさっぱり楽しんでほしいから、よく冷やして飲んでね！

作り方

1 バナナをつぶす

バナナを耐熱皿に入れてラップをし、レンジで30秒加熱したらフォークでつぶす。

2 下準備

小鍋に**A**を入れて極弱火にかけ、ゴムベラで板チョコが溶けるまで加熱する。クッキーのクリーム部分だけを取り外して溶かす。

3 混ぜ合わせる

1のボウルに牛乳を入れ、さらに2を加えて混ぜ合わせる。

4 クッキーを入れる

3にクリーム部分のないクッキーをくだいて入れ、ホイッパーで混ぜ合わせる。よく冷やしたらグラスに注いで完成。

キーンと冷やして、カレーのお供に

正統派ラッシー

だからおいしい!

このままでもおいしいですが、冷凍マンゴーやブルーベリーを溶かしても最高!

材料 (4～5杯分)

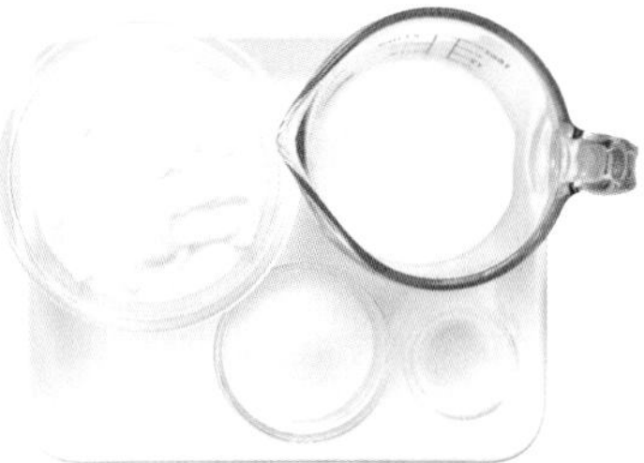

牛乳	300mℓ
ヨーグルト(プレーン)	400g
砂糖	大さじ4
レモン汁	小さじ1

作り方

すべてを混ぜ合わせる

大きめのボウルにヨーグルト、砂糖、レモン汁、牛乳を入れホイッパーでよく混ぜ合わせ、冷やしたら完成。

さらにおいしいコツ

牛乳は最後に少しずつ加えながら混ぜると、楽になめらかにすることができます!

新 ちょっとしたコツで、劇的においしくなる！

お家ごはんの教科書

料理家・シェフ **麦ライス**

はじめに

はじまして。
都内某レストランでシェフをしながらTwitterを中心に「ちゃんとおいしい家庭向けレシピ」「使える料理テクニック」などの情報を発信している麦ライスと申します。

この本は
①料理を毎日作らなければいけない人
②料理がちょっと苦手な人
③料理が好きでもっと極めたい人
など様々な環境の人に向け、**誰が作っても必ずおいしく作れるように意識して作った簡単なレシピ**だけを掲載しています。
料理を作らなければいけない人は少しでも好きに、苦手な人はちょっとずつ得意に、好きな人はさらに上達してもらえたらうれしいです。

料理がおいしいのには理由があります。例えば「焼くこと」。
焼肉やから揚げなど茶色い食べ物がおいしい理由は、焼けて茶色くなった部分が化学反応で旨味になるためです。
僕はこの茶色い焼き色を「焼き味」と呼んでいます。
例えばカレーだと、お肉にしっかり焼き目をつけてからルーを入れるとその旨味が溶け込み、ただ水から煮込むより何倍もコクがありおいしくなります。
「焼き味は最高の旨味調味料」なのでぜひその辺りを意識して調理をしてみてください。

僕は人に教えること、伝えることが大好きです。
今はスマホ一つでどんなレシピも見つかる時代ですが、**僕がプロとして料理人をしているからこそ分かる、裏ワザテクニックや安定しておいしいレシピを、家庭向けにアレンジして伝えたい**と思い、すべてを本にまとめました。
おいしくなる原理を覚えさえすれば、誰でも必ず料理上手になれます。

「この本に出会えてよかった」「一生使えるレシピ本」
そう思ってもらえる一冊になれば幸いです。

麦ライス